세계 일류기업 삼성 CEO

이건희 리더십

전도근 지음

세계와 경쟁하라

Compete with the World

BOOK STAR

LEADERSHIP

머리말

"김밥도 삼성이 만들면 잘 팔릴 것이다."라는 말이 있다. 이는 삼성이 만들면 무엇이든 다를 것이라는 기대감을 준다는 말과 같다. 2012년 말 기준으로 삼성이 국가 경제에서 차지하는 매출 비중은 국내 총생산GDP의 33%, 시가총액은 상장사 전체 시가총액의 30%, 수출은 한국 전체 수출의 23%를 차지할 정도로 우리나라에서 삼성이 차지하는 비중은 매우 크다.

이러한 삼성이 있기까지에는 이건희라는 기업가가 있었기 때문에 가능한 일이었다. 이건희의 말 한마디에 42만 명의 삼성 임직원들은 일사불란하게 움직인다. 그리고 세계의 경제가 움직인다. 이건희가 과연 어떤 사람이길래 삼성을 초일류 기업으로 만든 것일까?

이건희는 삼성의 창업자인 이병철의 3남으로 태어나 기업가로서 한 길을 걸었다. 이건희의 어린 시절은 한마디로 외로운 시기였다. 부모님은 사업으로 매우 바빴기 때문에 젖을 떼자마자 할머니에게

맡겨 유모 손에서 길러졌다. 이건희는 4년 만에 처음으로 어머니와 누나와 형들을 보았을 때 혼란스러웠다.

아버지 이병철은 애정에 목말라 있던 어린 이건희에게 더욱 강하게 성장하기를 기대했다. 이건희가 초등학교 5학년 때 선진국을 보고 배우라며 도쿄로 유학을 보냈다. 어린 이건희는 일본에서 '조센징' 이라고 못살게 괴롭힘을 당하기도 하고 왕따가 되기도 했다. 외로움을 달래기 위해 개를 키우며 영화나 골프로 세월을 보냈다. 그러나 영화를 보고 개를 키우면서 외로움을 달래는 것은 이건희의 마음에 위안이 될 수 없었다.

결국, 한국에 돌아와 고등학교를 다니다 다시 유학을 가게 되었다. 유학을 다니면서 다양한 경험을 통해 최고가 되어야겠다는 목표를 갖게 되었다. 이건희는 개 사육, 레슬링, 골프, 일본사, 과학 분야의 전문성을 가지고 그 분야의 최고가 되기도 했다.

이병철 회장이 숨을 거두자 이건희는 46세에 부회장에서 삼성그

룹 회장으로 지휘권을 넘겨받았다. 이건희가 취임한 지 1년이 지난 1988년에는 삼성 50주년 기념식에서 '제2의 창업' 을 강조하면서 미래 지향적이고 도전적인 경영으로 삼성을 '세계적인 초일류 기업' 으로 발전시키겠다는 과제를 좀 더 구체적으로 제시했다. 그러나 '초일류 기업' 을 추진하려고 했지만 아버지에 익숙해 있던 임직원들은 변하지 않으려고 했다. 이건희는 이대로 가다가는 삼성 전체가 역사 속으로 사라질 것 같은 절박한 위기의식까지 느꼈다.

우선 이건희는 조직을 장악하기 위해서 비서실을 축소해 나갔다. 그리고 삼성의 조직 문화를 위해 개혁을 단행했다. 직원들은 움직이지 않으려고 했지만, 이건희의 현장 감독과 지속적인 감독으로 서서히 조직의 문화가 바뀌어 나갔다. 이건희는 임직원들에게 마누라와 자식을 빼고는 다 바꾸어야 한다고 주장했다. 그리고 라인 스톱제, 자율출근제, 불량품 없애기, 질 경영 등을 통해서 점차 삼성을 변화시켜 나갔다.

삼성은 이건희의 지도 아래 IMF라는 초유의 경제 위기를 극복하고 세계 초일류 기업으로 성장하였다. 그가 이루어 놓은 업적을 읽는 것만으로도 숨이 가쁘다. 이건희는 국내 기업에 불과했던 삼성을 세계 초일류 기업으로 만들었다.

이건희의 삶은 곧 삼성의 성장과 마찬가지다. 그만큼 이건희에게서 삼성을 빼면 할 이야기가 없다. 이건희란 인물을 알면 알수록 삼성그룹 성장의 비밀을 알게 될 것이다.

이 책은 청소년들의 꿈을 키우기 위해서 이건희의 성장 과정과 리더십을 알려주는 책이다. 우리는 이 책을 통해서 현실에 안주하지 않고 자신의 꿈을 위해 도전하는 이건희의 삶을 배울 수 있다. 이 책을 읽는 청소년 여러분도 이건희의 삶과 이상을 본받고, 어떤 시련에도 굴하지 않고 극복해 내는 멋진 리더가 되기를 바란다!

2013년 여름

저자 전도근

목차

2장 세상을 향해 도전하다

01 외로운 소년 이건희

외로운 소년 이건희

이건희의 어린 시절은 한마디로 외로운 시기였다.

이건희가 태어날 때 부모님은 삼성상회가 무역회사로 자리를 잡아갈 무렵이라 매우 바빴다. 더욱이 어머니는 자식이 많다 보니 사랑과 보살핌으로 키우기가 어려웠다. 따라서 어머니는 갓난 이건희를 돌보기 어려워 젖을 떼자마자 할머니에게 맡겨 유모 손에서 길러졌다.

이건희는 4년 만에 어머니와 누나와 형들을 처음 보았을 때 누구인지 몰라 혼란스러웠다.

아버지 이병철은 애정에 목말라 있던 어린 이건희에게 더욱 강하게 크기만을 기대했다.

아버지는 이건희가 초등학교 5학년 때 선진국을 보고 배워야 한다면서 가기 싫다는 데도 도쿄로 유학을 보냈다.

이건희는 나중에 그 당시를 회상하면서 말했다.

"나는 혼자 자라서 가정교육을 1%도 받지 않았다."

일본어를 제대로 못 하는 이건희는 일본에서 '조센징'이라고 왕따가 되고 괴롭힘을 당하기도 했다.

그는 외로움을 달래기 위해 개를 키우며 영화나 골프로 세월을 보냈다.

일본에서 영화를 보고 개를 키우면서 외로움을 달래는 것도 더는 이건희의 마음에 위안이 될 수가 없었다.

SAMSUNG

01 이건희의 출생

이건희는 1942년 1월 9일, 일제강점기에 경상남도 의령군에서 태어났다. 아버지 이병철, 어머니 박두율은 8남매를 두었는데 이건희는 끝에서 두 번째였다. 누나는 인희, 숙희, 순희, 덕희가 있었고, 아래로는 여동생 명희가 있다. 아들 중에서는 위로 형 맹희와 창희가 있었고 이건희는 막내로 태어났다.

이건희가 태어날 당시 부친 이병철은 대구 서문시장 근처에서 삼성상회를 경영하고 있었다.

아버지 이병철은 1910년 경남 의령에서 알아주는 대지주의 아들로 태어났다. 이병철은 대지주의 자식으로서 남부럽지 않은 삶을 살다가 1929년 박두을과 혼인하였다. 1930년 일본으로 건너가 와세다대학 전문부 정경과에 입학하여 공부하다 2학년을 수료하고 심한 각기병으로 학업을 중단하고 돌아올 수밖에 없었다.

아버지 이병철은 사업에 뜻을 두고 그의 아버지로부터 토지를 분배받아 첫 사업으로 마산에서 협동정미소를 운영했다. 그러면서 식산은행 마산지점에서 융자를 받아 김해평야 200만 평을 매입해 만석꾼이 되기도 했다. 같은 해에 일본인이 경영하던 히노데 자동차 회사를 인수했다. 그러나 중일전쟁이 일어나면서 일본은 군비 확충을 위해 자금 동원령을 내려 은행 대출이 중단되었다. 은행 대출이 중단되자 이병철은 은행 융자에 의존해 사들였던 토지 때문에 결국 대출금을 갚기 위해서 협동정미소와 히노데 자동차 회사를 매각하여, 부채를 청산했다.

아버지 이병철은 재기를 노리며 중국 여행을 떠났다. 2개월에 걸친 조사 끝에 청과물, 건어물, 잡화 등의 무역이 적합하다는 결정을 내리고 돌아왔다. 1938년 빚을 내어, 대구 서문시장 근처인 수동현 중구 인교동에서 지상 4층, 지하 1층의 목조건물에 삼성상회三星商會를 설립하여 사업을 시작하였다. 삼성의 삼三은 큰 것, 많은 것, 강한 것을 나타내는 것으로서 우리 민족이 가장 좋아하는 숫자이며, 성星은 밝고 높고 영원히 깨끗이 빛나는 것을 뜻한다. 1941년 주식회사로 개편, 청과류와 어물 등을 중국에 수출하였으며 국수 제조도 하였다.

당시 삼성상회는 주식회사로 개편하면서 청과물과 건어물을 취급하는 무역회사로 자리를 잡아갈 무렵이라 아버지와 어머니는 매우 바빴다. 더욱이 어머니는 7남매를 키우다 보니 자식들을 전부 따뜻한 사랑과 보살핌으로 키우기가 어려웠다. 이때 이건희가 태어난 것이다. 따라서 어머니는 갓 난 이건희를 돌보기 어려웠다. 젖을 떼자마자 막내 이건희를 의령의 할머니 댁으로 보냈다.

이건희 회장은 세상 사람들이 생각하는 것처럼 유복한 어린 시절을 보낸 것이 아니라 할머니에게 맡겨져 길러졌다. 친가로 보내진 이건희는 갓난아기 때부터 친할머니와 자랐기 때문에 친할머니를 어머니라고 부르면서 자랐다.

할머니댁은 대지주였기 때문에 여유가 있는 집안으로 이건희는 유모의 손에서 자랐다. 마침 유모에게는 이건희 또래의 딸이 있었는데, 그녀와 함께 오누이처럼 지냈다고 한다.

이건희는 해방이 되고 네 살 무렵 대구의 어머니에게 보내졌다. 이건희는 어머니와 누나와 형들을 처음 보았을 때 혼란스러웠다. 어린 이건희는 처음 본 어머니를 보고 누구인지를 몰라서 물을 정도였다.

그때까지 할머니를 어머니로 알고 있었고, 혼자 자랐기 때문에 어머니와 자신의 형제들까지도 모두 낯선 존재로 느껴졌던 것이다.

어머니는 당황했지만 당연한 것이었기 때문에 어린 이건희에게 미안한 생각을 가졌다.

이건희에게는 처음으로 부모 형제와 함께하는 정상적인 가정 생활이 시작되었다.

02 근검절약을 배우다

당시 이건희의 집안은 사업이 날로 성장하고 있었기 때문에 여유가 있는 집안이었다. 하지만 아버지는 항상 부지런하였으며 근검절약하였다. 이러한 가풍은 오래전부터 시작되었다.

이건희의 집안은 증조모 때부터 부를 축적할 수 있었다. 증조모는 식사 한 끼를 덜 먹고, 그 시간을 베를 짜는 데 사용했을 정도였다. 당시는 안 먹고 안 쓰는 것만이 재산을 늘릴 수 있는 시대였다. 돈을 아끼고 일을 열심히 해서 번 돈으로 땅을 사 모았다. 그래서 이러한 가풍은 자연스럽게 아버지에게도 생활화 되었으며, 이건희에게도 적용되었다.

근검절약이 생활화된 몇 가지 일화가 있다.

아버지는 경제적으로 여유가 있었기에 어린 이건희에게 운동화를 사줄 수 있었지만 주로 까만 고무신을 사주었다. 그래서 명절날이나 아버지가 기분 좋은 날은 흰 고무신을 선물로 받은 적이 있다. 그럴 때면 이건희는 흰 고무신을 아끼기 위해서 한 구석에 숨겨놓고 검은 고무신만 신고 다닐 정도였다.

이건희가 대구에 돌아와 살 때 이병철 내외와 3남 5녀, 그리고 일꾼들이 함께 살았다. 당시 이건희의 집은 두 평짜리 방 3개, 세 평짜리 방 한 개 등 4개의 방에서 모두 열다섯 남짓이 살았다. 작은 방에서 여러 명이 함께 살다 보니 매우 비좁을 수밖에 없었다. 그렇지만 아버지는 방이 많거나 큰 곳으로 이사를 가지 않아서 어쩔 수 없이 작은 방에서 참으면서 살아야 했다.

점차 형과 누나들이 크면서 다른 곳으로 공부를 하러 감에 따라 조금씩 집을 비우는 일이 많았지만, 사업이 번창해가면서 직원은 더욱 늘어가 결국 생활에는 큰 차이가 없었다.

이렇듯 오랜 시간에 걸쳐 근검절약을 통해 재산을 모아온 집안이어서 헤픈 씀씀이는 용납되지 않았다. 어린 이건희에게도 영향을 미쳐 점차 근검절약하는 습관을 지니게 되었다.

아버지 이병철은 사업이 점차 성장할수록 몹시 바빠서 아이들을 제대로 돌볼 수가 없었다. 누나와 형들은 학업 때문에 여기저기에서 모두 뿔뿔이 흩어져 살았다. 온 가족이 처음으로 한 자리에 모인 것은 이건희가 중학교 3학년 때였다고 한다. 그날 온 가족이 처음으로 만난 것을 기념하여 가족사진을 찍었을 정도였다.

03 전쟁으로 모든 것을 잃다

대구에서 사업을 하던 이병철은 좀 더 크게 사업을 하기 위해 대구에서 하던 사업은 남에게 맡기고 1947년 5월 서울로 올라왔다. 종로구 혜화동에 60평짜리 집을 사서 자리를 잡고, 이듬해엔 종로 2가에서 무역회사인 삼성물산공사를 차렸다. 아버지는 만주, 북경, 홍콩, 마카오, 싱가포르 등으로 무역을 하면서 삼성물산공사는 수출입 물량 순위가 7위가 될 정도로 큰 회사가 되었다. 이 사업으로 아버지는 엄청난 재산을 모았다.

이건희는 종로의 혜화초등학교에 다니면서 나름대로 서울 생활에 적응하기 시작했다. 또래 아이들과도 한창 즐겁게 어울리기 시작했다. 그러나 그런 행복은 오래가지 못했다.

이건희가 초등학교 2학년을 다닐 때에 한국전쟁이 발발했다. 삼탕을 만드는 제일제당을 설립하였다. 얼마 지나지 않아 제일모직이라는 회사도 설립하였다. 전쟁이 끝난 뒤에 부족한 생필품을 만들었기 때문에 급성장하였다. 점차 아버지는 한국 최고의 기업가이자 부자로 유명해지기 시작했다. 그리고 하는 일마다 성공을 거두며 엄청난 재산을 모으게 되었다.

당시 전쟁이 끝난 지 얼마 되지 않아 먹고 사는 문제가 심각해서 영양실조로 죽는 사람이 있을 정도였다. 대기업의 사장 아들인 건희는 또래 아이들은 격차가 너무 심했기 때문에 친하게 어울리지 못했다. 특히 어린 시절의 이건희는 말이 별로 없고 혼자서 골똘히 생각에 빠져 있거나, 혼자 장난감을 가지고 노는 것을 좋아하는 내성적인 성격이었기 때문에 친구들을 제대로 사귀지 못했다.

외로웠던 이건희는 친구들을 사귀고 싶었다. 그래서 또래 아이들이 쉽게 구경도 할 수 없는 비싼 장난감을 사달라고 해서 학교에 가지고 가기도 했다. 그러나 또래 아이들에게 같이 놀자는 말을 한마디도 못하고 아이들 주변을 서성이기만 했다. 또래 아이들의 눈에는 이건희가 부잣집의 이상한 아이라고 생각하여 끼워주지를 않았다. 이건희는 친구들을 사귀지 못해서 마음의 상처가 되었다.

이건희는 부모님께서 사업이 워낙 바쁜 관계로 따뜻한 사랑을 제대로 받지 못했다. 그뿐만 아니라 또래 아이들마저도 이건희와 가깝게 지내려고 하지 않아서 어린 마음에 상처를 입으며 자랐다.

이때부터 이건희는 혼자 골똘히 생각하는 습관을 갖게 되었다. 아버지 이병철도 혼자 무엇을 골똘히 생각하는 스타일의 경영인이었는데, 그 영향을 받았다고 볼 수 있다.

아버지 이병철은 좀처럼 화를 내는 법도 없고, 큰소리와 욕설은 물론 보고받을 때도 겉으로 '좋다', '싫다'는 표현을 하지 않았다. 장남 이맹희는 평생 아버지가 큰소리를 내면서 웃는 모습을 본 적이 없다고 하였다.

이건희 또한 내성적인 성격이라 부끄러움을 타며 남 앞에 나서길 싫어하는 성향이 강했다. 그의 이러한 성격은 이미 어린 시절부터 부친 이병철의 모습을 닮아 형성되어온 것이라고 볼 수 있을 것이다.

어릴 때 아버지 이병철과 함께

에 따르지 않는 모든 것은 아버지의 인정을 받을 수 없었다. 아버지는 자식들이 강하게 커야 한다는 생각에 웬만한 어려움은 어려움으로 인정도 하지 않았다.

어린 이건희도 아버지의 강요에 의해 유학도 가야 했으며 자신의 상황을 고려하지 않고 수시로 이사를 해서 적응하지 못해 힘든 경우가 많았다. 특히 부모님의 사랑이 필요한 어릴 때 부모님의 사랑을 전혀 받지 못했다. 나중에 이건희 회장은 자신은 살면서 가정교육을 1%도 받지 못했다고 말했을 정도였다.

아버지의 철학과 생활방식은 자식들에게도 영향을 주었으며 이건희는 나름대로 아버지보다 나은 사람이 되려고 노력했다.

아버지 이병철

이건희의 어린 시절

SAMSUNG

06 일본 유학을 가다

아버지 이병철은 애정에 목말라 있던 어린 이건희에게 더욱 강하게 크기를 기대하였다. 아버지는 이건희가 초등학교 5학년 때인 1953년, 도쿄로 유학을 보내기로 했다. 이미 도쿄에는 큰형 이맹희가 도쿄대학 농과대에 다니고 있었고, 둘째 형 이창희가 효성그룹의 조석래 회장과 함께 와세다대학을 다니고 있었다. 이병철이 그의 장남을 비롯한 세 아들을 유학 보낸 것은 전후 어수선한 한국에서 교육을 시키는 것보다는 비교적 안정된 일본에서 더 많은 것을 배울 수 있다는 판단 때문이었다. 일본에 형들이 미리 가 있으니 형들과 같이 있으면 될 것이라 판단했다. 아버지 이병철은 말했다.

"선진국을 보고 오너라."

11세의 이건희에게는 충격적인 지시였다. 집에서 부모의 사랑을 제대로 받지 못해서 마음의 상처를 입은 이건희는 나중에 그 당시를 회상하면서 말했다.

"나는 혼자 자라서 가정교육을 1%도 받지 않았다."

물론 과장된 말이겠지만, 어린 시절에 그만큼 외로움이 컸었다.

겨우 11세이던 이건희는 다시 부모님과 헤어져야 했다. 큰형은 학교가 멀어 따로 하숙하고 있었기 때문에 둘째 형과 일본인 가정부와 함께 살면서 도쿄의 초등학교를 다니게 되었다. 둘째 형 창희는 건희보다 9세가 많았기 때문에 같이 놀아주지 않았다. 결국, 이건희는 혼자 생활해야 했다.

이건희는 처음 1년 동안 일본어를 배우느라 고생했다. 아울러 한국에서 다섯 군데의 학교를 전전하느라 딱히 공부의 기초도 없었다. 즉 일본어도 배워야 했고, 공부도 해야 했다.

당시 일본인들은 한국을 자신들의 식민지로 삼았었고, 전쟁과 가난으로 얼룩진 후진국으로 여기고 있어 민족 차별이 심했다. 일본어를 제대로 못 하는 이건희를 '조센징'이라고 못살게 괴롭혀서 왕따를 당하기도 했다. 그래서 이건희는 일본에서 친구를 사귀는 것이 어려웠다.

이건희는 일본 사회에서 심한 차별을 느끼며, 언어도 익숙하지 않았고, 친구도 없었고, 집에서 부모님이 기다리고 있는 것도 아니었기 때문에 외로움은 극에 달했다. 이건희는 아버지에게 말했다.

"아버지 일본은 너무 힘들어요. 한국에 돌아가고 싶어요."

"지금은 너에게 힘들겠지만 참고 견디면 나중에 도움이 될 것이다."

아버지는 완고했다. 아들이 선진국에서 더 많은 것을 배우기를 바랐기 때문에 오히려 어려운 환경이 아들을 강하게 만들 것이라고 생각했다.

이건희는 당시를 회상하면서 말했다.

"태어나면서부터 떨어져 사는 게 버릇이 되어 내성적인 성격을 가지게 되었고, 친구도 없고 그러니까 혼자 생각을 많이 하게 됐고, 생각을 해도 아주 깊이 하게 됐다. 가장 민감한 나이에 민족 차별, 분노, 외로움, 부모에 대한 그리움, 이 모든 걸 절실히 느꼈다."

이건희는 자신의 외로움을 달래기 위해 중학교에 진학하면서 개를 친구 삼아 기르기 시작하였다. 이건희에게 개는 취미의 대상이 아니라 절박한 상황에서 마음을 나눌 수 있는 친구였다.

이건희가 유난히 개를 좋아하는 이유에 대해 그는 말한다.

"개는 거짓말을 안 하고 배신할 줄 모르며 충직하다."

지금도 이건희 회장은 국내에서 애견가로 유명하다. 한때 그는 한남동 집에서 200여 마리의 개를 기를 정도로 개를 좋아했다. 그런 연유로 이건희는 장애인들을 위한 안내견 학교를 만들고 여러 분야에서 활용할 수 있도록 특수견들을 훈련시키고 있다. 그리고 안내견들을 훈련시켜 장애인들에게 기증하는 사업을 하고 있다.

SAMSUNG

07 일본을 배우다

아버지는 이건희가 일본에서 초등학교를 다니는 동안 골프를 배우게 하였다. 아버지도 1950년대 초 일본에서 처음 골프를 배워 골프의 매력에 푹 빠져 있었다. 아버지는 아들에게 일본의 일류 골프 선수를 붙여 직접 배우게 했고, 골프채나 장비 지원에 돈을 아끼지 않았다.

아버지는 아들의 골프 레슨에 지원을 아끼지 않는 것은 '골프를 이해하게 되면 세상의 이치를 알게 된다'고 생각했기 때문이다. 이건희 회장이 골프에 일가견을 가지게 된 것은 선친의 이 같은 영향을 받았기 때문이다.

이건희가 일본 유학 시절에 외로움을 달래기 위한 것 중에는 영화를 보면서 시간을 보냈다. 영화 관람은 어두운 영화관 안에서는 그 누구에게도 차별이나 간섭을 받지 않으며 시간을 보낼 수 있는 좋은 여가 방법이었다. 또한, 영화를 볼수록 영화가 주는 재미에 푹 빠졌다. 이건희는 일본에 있으면서 3년간 1,200여 편에 이르는 영화를 보았다. 거의 매일 영화를 본 것과 같은 편 수였다. 이건희가 본 영화의 편 수는 그 무렵 일본에서 10년간 만들어진 영화 편 수와 같은 양이다.

유학 시절 방과 후 대부분의 시간을 영화관에서 보냈다고 해도 과언이 아니다. 심지어는 하루 온종일 영화만 보고 지낸 날도 있을 정도였다. 이후 평생 이건희는 영화와 다큐멘터리광이 되었다. 한때 다큐멘터리를 좋아해 1만 개가 넘는 비디오를 가지고 있었고, 국내에서 상영되는 다큐멘터리는 거의 빼놓지 않고 보기도 하였다.

어린 시절에 경험했던 영화에 대한 소중한 기억은 훗날 삼성을 광고할 때 매스컴에 관심을 갖게 하였고, 한국의 기업으로서는 처음으로 공익광고를 제작하게 했다. 그뿐만 아니라 스티븐 스필버그와 영화 합작 사업에 나서게 하기도 하였다.

이건희의 영화 감상법은 나중에 사업하는 데 도움이 되었다. 이건희는 영화를 볼 때 주인공의 배경이나 장면을 만들기 위해 동원된 사람의 관점과 노력까지 상상하게 되었다. 이것은 나중에 이건희가 제품을 분석할 때도 자연스럽게 활용되었다. 예를 들어 TV를 보면 겉으로만 보는 것이 아니라 분해해서 그 내부를 들여다보며 거기에 들어가 있는 부속 하나하나의 기능과 어느 회사에서 만들었는지를 모두 살피는 것이다. 이건희의 영화 감상법은 잠재되어 있던 분석 능력을 끌어내어 삼성전자가 세계적인 기업으로 우뚝 서는 데 큰 역할을 하게 된 것이다.

이건희가 일본에서 관심 있게 본 것 중의 하나는 프로레슬링이었다. 당시 일본은 프로레슬링의 전성시대였다. 특히 한국계 프로레슬러 역도산이 폭발적인 인기를 누리고 있었다. 일본인들은 그를 영웅으로 추앙했다. 당시의 프로레슬러들은 탤런트나 영화배우보다 훨씬 인기가 있었다. 진정 일본 프로레슬링의 개화기였다. 어린 이건희도 역도산에 매료되어 있었다. 이건희는 나중에 한국에 돌아와 고등학교 때는 레슬링부에 들어가 전국대회에 나가 입상을 하기도 했다.

일본에서 영화를 보고 개를 키우면서 외로움을 달래는 것도 더는 이건희의 마음에 위로가 될 수 없었다. 이건희는 중학교에 입학하자 더이상 견디기 어려워 아버지에게 졸랐다.

"아버지, 저는 더 이상 일본 생활을 할 수 없으니 한국으로 보내주세요."

아버지는 더는 아들을 말릴 수 없다는 것을 깨닫고 말했다.

"그럼 좋다. 다만 1학년은 마치고 오너라."

이건희는 드디어 소원이 이루어졌기 때문에 기뻤다.

이건희는 일본에서 3년의 유학을 마치고 귀국하여 서울사대부속 중학교 2학년에 편입하였다.

중학교에서의 생활은 순탄하지 않았다. 당시 우리나라에서는 해방된 지 얼마 되지 않아서 반일 분위기가 가득 차 있었기 때문에 일본에서 갓 돌아온 이건희를 친구들은 좋게 보지 않았다. 더욱이 대화 도중에 나오는 일본말 때문에 '쪽발이'라고 놀림을 받아야 했다.

이건희는 한국에 돌아와서도 제대로 적응하기 어려웠다. 그래서 아이들과 어울리기보다는 개를 더욱 좋아하게 되었다. 아이들에게 다친 마음을 치유하려는 듯 개에 대한 애정은 높아만 갔다. 어릴 때 유일한 친구가 개였던 이건희는 점차 인간관계를 멀리하고 마치 이방인처럼 은둔 생활을 하게 되었다.

08 레슬링을 시작하다

이건희는 중학교 졸업 후에 서울사대부고에 입학했다. 고등학교에 입학하자마자 그는 레슬링부에 들어갔다. 이건희가 레슬링을 하게 된 것은 바로 일본 유학 시기에 역도산의 경기를 보고 감격해서 배우고 싶었기 때문이었다. 민족 차별이 심하던 때에 한국인인 역도산이 일본인들의 영웅으로 인기를 독차지하였기 때문에 이건희는 자신의 따돌림을 받는 상황에서 역도산처럼 힘이 세고 인정받는 사람이 되고 싶었다. 레슬링부에서 이건희의 별명은 '백곰' 이었다. 키가 이미 성인 키였던 165cm를 넘겼고 상체가 발달해서 더욱 커 보였으며, 유난히 피부가 하얐기 때문이었다.

아버지는 못마땅해했다. 일본의 선진 문물을 배워오라고 보낸 유학에서 기껏 레슬링이라는 운동에 관심을 두고 왔으니 마음에 들리가 없었다. 그래도 아버지는 하다가 지쳐서 그만두겠지라는 생각에 말리지 않았다.

그러나 아버지의 기대와는 달리 이건희는 전국대회에 나가 입상할 정도로 열심히 연습했다. 이건희는 전국대회에서 입상했기 때문에 자신이 대견하고 뿌듯한 마음에 아버지께 자랑했다. 그러나 아버지는 자신이 싫어하는 운동을 하는 아들이 달갑게 보이지 않았다. 오히려 핀잔을 주었다.

이건희는 아버지의 칭찬을 바랐지만 아버지는 아들의 요구를 외면했다. 아버지는 오직 아들이 강하게 자리기만 바랄 뿐이었다. 이건희에게 아버지는 여전히 멀기만 한 존재였다. 너무 무섭고 원망스럽기도 한 존재였다.

이건희는 레슬링을 하면서 땀이 비 오듯 쏟아지는 가운데 고통의 극한을 견디는 자신에 만족해했다. 2학년 말까지 이건희는 방학 기간에도 합숙훈련에 빠지지 않고 레슬링을 열심히 했다. 연습은 럭비부와 같이했다. 럭비도 상대팀 선수를 힘으로 밀어붙여야 하는 운동이고 힘을 키우는 게 필수였기 때문에 레슬링부와 함께 합숙을 했다. 자연스럽게 럭비부와 같이 훈련을 하면서 럭비를 경험하게 된다.

럭비는 오직 전진이라는 목표를 가지고 태클과 공격을 반복하면서 팀원이 전부 하나로 뭉치는 데서 매력을 느꼈다. 이건희는 지금까지 영화를 보거나 개를 키우거나 늘 혼자였는데 처음으로 팀원이 같이 하는 단체 운동을 하면서 집단의 중요성과 목표에 도달하기 위해서 단결하는 것, 즉 팀워크가 강력한 힘을 낸다는 것을 알게 되었다. 적어도 운동을 할 때만큼은 이건희는 외톨이가 아니라 친구들과 땀을 흘리고 함께 할 수 있는 행복한 시간이었다. 이건희는 졸업 후에도 서울사대부고 13회 동기생 중에서 동아리 활동을 같이 했던 친구들과 지속적인 모임을 가졌다. 학창 시절 함께 운동했던 친구들과 우정이 매우 깊었음을 알 수 있다.

하지만 레슬링부 활동은 오래가지 못했다. 2학년 말에 연습 도중 눈썹 근처가 찢어지는 부상을 당했다. 깜짝 놀란 어머니는 가족들을 동원하여 학교를 찾아가 운동부에서 빼달라고 했다. 결국, 이건희는 레슬링부에서 쫓겨나 더는 레슬링을 할 수 없었다.

이건희는 레슬링은 못하게 되었지만 스포츠에 대한 그의 아쉬움은 평생을 스포츠와 가깝게 지내도록 했다. 이건희는 스포츠를 더욱 발전시키고 싶다는 소망을 실현하기 위해서 IOC 위원이 되고 싶다는 꿈을 가지게 되었고, 그 꿈은 1996년 애틀랜타올림픽 때 비로소 이루어졌다. 그리고 1982년에는 레슬링협회 회장이 되어 비인기 종목이었던 레슬링을 1988년 서울올림픽에서 많은 메달을 따낼 수 있도록 했다. 그 후 미식 축구팀, 탁구팀을 창단하고 골프, 승마, 탁구 등의 스포츠를 즐겼다. 이러한 스포츠에 대한 관심과 애정은 고교 시절 각별했던 레슬링에 대한 경험에서 비롯된 것이다.

이건희가 삼성그룹의 회장이 되어, 전 세계를 누비며 며칠씩 밤을 새우고 오랫동안 회의를 해도 지치지 않는 건강을 가진 것은 고등학교 때부터 레슬링으로 단련된 체력 덕분이었을 것이다.

SAMSUNG

09 다시 일본 유학길에 오르다

고등학교를 마친 이건희는 1961년 연세대학교에 합격하였다. 아버지는 이미 등록금도 내고 교재까지 사 놓았는데도 불구하고 이건희에게 무조건 유학을 권유했다. 아버지는 와세다대학 상과 출신이었던 터라 과감히 다시 '선진국을 배우고 오라' 는 권유를 한 것이다. 이건희는 뜻하지 않게 아버지의 의도에 따라 아버지가 다니던 와세다대학 상과에 입학하였다.

와세다대학은 예나 지금이나 일본에서 명문 사립대학으로 알려져 있다. 와세다대학은 일본의 정계와 재계를 좌우하는 많은 인물을 배출하였으며, 일본의 근대화에 앞장 선 명문대학으로서 역사를 중시하는 전통을 가지고 있었다. 이건희는 아버지가 다녔던 학교라 감회가 남달랐다. 어린 시절 떠밀려 와서 제대로 적응도 못 했던 시기에 비해서 어느 정도 어른이 되어 일본에 유학을 왔기 때문에 열심히 공부했다. 특히 일본어 공부와 일본 역사에 깊은 관심을 가지고 해박한 지식을 쌓아 나갔다.

이건희는 일본 역사에 대한 책을 즐겨 읽었으며, 일본 역사를 기록한 45개짜리 비디오테이프를 수십 번씩 보았다. 일본에 대한 깊은 연구로 인해 지금까지 삼성그룹 내에서 일본어나 일본에 대해서 이건희 회장보다 잘 알고 있는 사람이 없을 정도라고 한다.

일반적으로 일본 사람들은 말수가 적고, 남의 말을 경청하는 태도를 가진 사람이 많다. 특히 일본인들은 대부분 상대의 말을 끝까지 경청한 후 자신의 의사를 조심스럽게 꺼내는 성격을 가지고 있다. 이건희는 원래 내성적이었지만, 일본에서 교육을 받으면서 더욱 말수가 적어지고 남의 말을 경청하는 태도가 습관이 되었다. 일본에 살면서 일본인들에게 받은 영향도 적지 않은 것으로 보인다.

이건희는 와세다 유학 시절에도 운동에 관한 관심과 참여는 대단했다. 대학 골프부에 들어가 활동하면서 아버지의 골프 철학인 "세상의 이치를 배운다"는 것을 마음에 새기며 운동을 했다.

골프는 방대한 규칙을 가진 운동이지만, 그 출발은 자신과의 싸움이며 바람, 지형 등 수많은 변수와의 싸움이다. 또한, 골프는 감독도 없고, 스코어도 스스로 적기 때문에 유혹과 싸워 이겨야 한다.

기업의 총수에게도 감독이 없으며, 쉽게 돈을 벌 수 있는 모든 유혹과 싸워 이겨야 한다. 어찌 보면 골프와 기업 경영은 비슷한 부분이 많다. 그래서 아버지는 이건희에게 골프를 통해서 세상의 이치를 배우라고 지시했는지도 모른다.

이건희는 와세다대학 시절, 일류에 대해 깊은 관심을 가졌다. 이건희는 골프를 하면서 역도산이나 일본 내에서 성공한 사람들과 어울려 골프를 치기 시작했다. 그들은 해당 분야의 최고였기 때문에 이건희는 최고에 대한 관심을 갖게 된다. 심지어 일류 야쿠자들과 같이 골프를 치며 그들의 삶을 관찰해보기도 했다.

SAMSUNG

10 일류에 관심을 갖다

이건희는 골프를 치면서 성공한 사람들의 특징을 분석하였다. 그들이 성공한 이유는 무엇인지, 어떻게 성공할 수 있을까? 성공하는데 필요한 것이 무엇인지를 하나씩 배워갔다. 자신이 골프를 치면서 만났던 인사들 중에서 성공한 사람들은 나름대로 자신의 분야에서 최고의 길을 가거나 일류였던 것이다. 자연스럽게 해당 분야의 일류들을 만나면서 그들의 특징을 찾아낼 수 있었다.

이건희가 만났던 일류라는 사람들의 특징은 자신이나 일에 대해 철저한 사람들이고, 인간미가 넘치며, 벌을 줄 때는 사정 없이 벌을 주고, 상을 줄 때는 깜짝 놀랄 정도로 준다는 것이었다. 이건희는 이처럼 일류가 되기 위해서 갖추어야 할 리더십을 골프를 치며 상대에 대해 배우게 된다.

이때부터 이건희는 기업을 운영하는 데 있어서 인재의 중요성을 깨닫게 된다. 인재 한 명이 회사를 살릴 수도 있고, 망칠 수도 있다는 사실을 깨달았다. 이건희는 사람을 뽑을 때 그냥 뽑는 것이 아니라 면밀히 검토하여 신중히 선발하되 사람을 선택한 후에는 모든 결정을 전적으로 맡길 정도로 사람을 신뢰하게 되었다.

그뿐만 아니라 일본에서 유학을 하면서 일본 사람들의 상품이 세계를 제패한 이유에 대해서도 분석을 했다. 일본 사람들은 출근 시간 전에 미리 와서 일을 하지만, 한국 사람들은 정각에 오고, 미국 사람들은 조금 늦게 회사에 도착하는 것을 알 수 있었다. 그리고 퇴근할 때도 일본 사람들은 10분 늦게 퇴근하면서 주변을 정리하고 가는 반면 미국이나 한국 사람은 기계의 나사를 조이다가도 시간이 되면 하던 일을 멈추고 퇴근한다. 이것이 바로 한국과 일본, 미국의 차이라는 것을 알게 되었다. 그래서 이건희는 나중에 삼성의 출근 시간을 다른 회사들보다 일찍 하게 하여 부지런한 인재로 만들려고 하였다.

이건희의 일본 유학은 학문적인 공부에만 매달린 것이 아니라 일류가 되는 방법과 사람을 보는 방법, 그리고 일본을 이길 수 있는 방법들을 공부하는 데 도움이 되었다.

일본 유학을 마친 건희에게 아버지는 매스컴에도 관심을 갖고 공부하도록 주문하였다. 아버지의 조언에 따라 이건희는 미국 조지워싱턴 경영대학원에서 경제학과 부전공으로 매스컴학을 공부하였다. 아버지는 이건희가 1년 반 공부한 후 귀국했을 때 이미 동양방송TBC을 설립해 놓았다. 아버지는 이건희에게 제조업보다는 메스컴 관련 사업을 맡기려고 했던 것 같다.

이건희는 미국 유학 시절 자동차에 관심이 많았다. 미국에 유학가서 놀란 것은 자동차 대국답게 자동차의 종류가 많았다. 이건희는 미국에서 유학하는 1년 반 동안 차를 여섯 번이나 바꿨다. 이건희가 차를 여러 번 바꾼 것은 재벌 집안 막내아들로서의 호사로운 취미가 아니라 차 구조가 궁금했기 때문이다.

이건희는 관심 있는 모델의 중고차를 사서 타고 다니면서 구조를 들여다보고, 뜯어 보고 다시 조립하고 정비해서 다시 되팔았다. 그런 식으로 1년 반 동안 차를 여섯 번이나 바꾼 것이다. 그러는 사이에 자동차의 구조에 관해 점점 전문가가 되어 갔다.

이건희의 자동차에 대한 관심과 전문성은 나중에 삼성이 자동차 사업 분야에도 뛰어들어야겠다는 야심을 키우게 된 계기가 되었다. 나중에 삼성자동차를 설립하게 된 배경에는 이 같은 이건희 회장의 자동차에 대한 남다른 애정과 전문가적 안목이 작용했음을 부인하기 어려울 것이다.

11 호기심이 많았던 이건희

이건희는 어릴 때부터 어떤 분야에 집중하게 되면 지속적으로 몰두하였다. 어릴 때 부모님의 따뜻한 사랑을 받지 못했기 때문에 집에서 혼자 있는 시간이 많았다. 이건희는 외로움을 떨치기 위해서 자연스럽게 물건에 집착하였다. 새로운 물건을 만나면 그것을 가지고 하루 온종일 자기 방에서 나오지도 않고 몰두하였다.

점차 자라면서 단순한 물건만이 아니라 무엇이든 호기심이 생기면 끝까지 가보는 성격이 생겼다. 그래서 영화, 레슬링, 미식축구, 골프, 자동차, 일본 역사, 사람 분석 등에 대해서는 광적일 만큼 집중하면서 전문가 못지않은 전문 지식을 가지게 되었다.

이건희는 한 번에 한 가지에만 관심을 가진 것이 아니라 동시에 여러 가지에 관심을 가졌다. 그중에서도 가장 관심이 많았던 부분은 과학 분야였다. 그의 서가에는 그의 전공인 경영학 관련 책보다는 전자, 우주, 항공, 자동차, 엔진공학, 미래 공학 등의 전문 서적이 더 많았다. 혼자 있는 시간을 좋아하는 이건희는 책을 읽고, 기계를 분석하는데 시간을 보냈다.

이건희는 특히 전자제품이나 각종 기계를 분해하고 조립하면서 기능과 성능을 공부했다. 잘 모르는 것이 생기면 책을 뒤적이며 해결해 나갔다. 그래도 풀리지 않는 것은 전문가들을 집으로 초대해서 직접 설명을 듣기도 했다. 이렇게 해서 다녀간 일본 기술자만도 수백 명이 되었다. 그의 이러한 노력 덕분에 삼성에서 만드는 제품들에는 이건희 회장의 조언이나 전문적인 지식의 도움이 들어간 제품이 많다. 심지어 웬만한 전자제품은 전문 기술자보다 구조나 기능에 대해서 설명이나 조립을 잘한다.

이와 관련해서 이건희 회장은 다음과 같이 말했다.

"나는 어려서부터 수없이 많은 물건을 구매하여 뜯어 보았다. 그 속을 보고 싶었기 때문이다. 나는 이러한 활동을 통해서 사물의 외관만이 아니라 이면까지도 들여다보는 훈련을 할 수 있었다."

외로움을 잊기 위하여 개를 키우던 이건희는 한때 개에 대한 집착은 놀라울 정도였다. 한남동 집에서 200여 마리의 개를 기를 정도로 개를 좋아했다. 개를 좋아하던 이건희는 진돗개에 대한 애정이 각별했다. 그래서 1979년 일본에서 열린 세계 견종 종합전시회에서 순종 진돗개 암수 한 마리씩을 직접 출전시켜 진돗개의 원산지가 한국임을 입증하여 세계견종협회에 등록하기도 했다.

당시 이건희 회장은 말했다.

"진돗개를 순종으로 등록하는 것은 매우 까다로워요. 똑같은 종류끼리 교배시켜서 몇 % 이상 같은 종류가 나와야 하고, 그 요건에 맞춰서 등록을 마치는 데 12~13년 걸렸습니다. 직접 진도에 가서 2박 3일 동안 30여 마리를 사왔어요. 진도에서 사오면 다 진돗개인 줄 알았는데 그게 아니어서 순종을 고르느라 150마리까지 늘렸어요. 그중 진돗개라고 할만한 것이 30% 나왔고, 순종이라고 할만한 것은 3% 정도밖에 안 나왔습니다."

그야말로 대단한 집중과 의지 없이는 도달할 수 없는 전문가 수준이었다. 건희는 자신의 특성을 경영 이념에 도입하여 집중과 몰두라는 경영 목표를 선정하였다. 그래서 자신과 같은 인재를 찾는 천재 경영을 추구하였다. 천재 경영이란 특정 분야에 남다른 재능과 흥미를 갖고 자신의 영역을 추구하는 사람으로 특정 분야의 전문가로 성장이 기대되는 인재를 말한다.

SAMSUNG

12 비운의 사카린 사건

삼성그룹의 성장사 가운데 가장 치욕적인 사건을 들라면 단연 '사카린 밀수 사건'을 들 수밖에 없다. 암 유발 가능성이 있는 사카린을 밀수, 국민에게 팔아 치부致富했다는 것 때문이다.

사카린은 강한 단맛을 내는 화학 조미료로 설탕 대용으로 쓴다. 옛날에는 설탕은 아주 비쌌기 때문에 설탕 대용으로 300배 단맛을 내는 사카린이 주로 사용되었다.

1966년 5월 24일, 삼성이 경남 울산시에 공장을 짓고 있던 한국비료가 사카린 2,259포대약 55t를 건설자재로 꾸며 들여와 판매하려다 들통이 났다. 뒤늦게 이를 적발한 부산세관은 같은해 6월 1,059포대를 압수하고 벌금 2,000여만 원을 부과하였다. 삼성은 한국비료 공장을 짓기 위해 일본 미쓰이로부터 정부의 지급 보증 아래 상업차관 4,000여만 달러까지 들여왔다.

1965년 말에 시작된 한국비료 건설 과정에서 일본 미쓰이는 공장건설에 필요한 차관 4,200만 달러를 기계류로 대신 공급하며 삼성에 리베이트로 100만 달러를 줬다.

현찰 100만 달러를 일본에서 가져오는 것이 쉽지 않았다. 삼성은 공장 건설용 장비가 필요했기 때문에 돈을 부풀리기 위해 밀수를 하자는 쪽으로 결정했다. 밀수를 하기로 결정하자 정부 모르게 몇 가지 욕심을 실행에 옮기기로 했다. 이참에 평소 들여오기 어려운 공작기계나 건설용 기계를 갖고 오자는 것이었다. 밀수한 주요 품목은 변기, 냉장고, 에어컨, 전화기, 스테인레스 판과 사카린 원료 등이었다.

부산세관에서 사건을 축소하여 사카린 1,000포대 정도 압수하고 당시 2,000만 원의 벌금을 부과했다. 그런데 국내 굴지의 대기업 삼성이 사카린을 밀수했다는 사실이 언론에 의해 알려지자 사회적 파장은 엄청났다.

국민 여론이 들끓자 박정희 대통령은 같은 해 9월 19일 사카린 밀수사건의 전면 재수사를 명령했다. 결국, 대검찰청 특별수사부는 10월 6일 재수사에 착수한 지 18일 만에 이창희 한국비료 업무담당 상무가 회사의 내자 조달을 위해 4월 중순에 차관 자금으로 사카린 원료 10톤을 밀반입하고, 5월 14일에는 이 회사의 총무담당 상무가 이를 금북화학에 매각함으로써 관세와 특관세 등 520만 원을 포탈했다는 사실을 밝혀냈다.

박정희 대통령이 나서자 처음에는 자신과는 무관한 일이라고 발뺌을 하던 이병철은 더는 견딜 수 없어 둘째 아들 이창희를 희생시킬 수밖에 없다고 판단했다. 이병철 회장은 한국비료 공사 책임자들을 내세워 그들이 모자라는 내자를 충당하기 위해 밀수를 했다고 자백했다. 대검찰청에서는 이병철 사장의 차남인 한국비료 이창희 상무 등을 구속하는 선에서 마무리 지었다.

이듬해인 1966년 3월 24일 이창희는 징역 5년, 10억 원의 벌금을 언도받았다. 이에 앞서 이병철은 1965년 9월 20일 기자회견을 통해 '한국비료공장을 완공한 후 국가에 헌납하겠다' 고 발표하면서 그룹의 총수 자리에서 물러나고 언론과 학원 사업에서 손 떼겠다고 했다.

결국, 이병철은 둘째 아들을 감옥에 보낸 비정의 아버지가 되고 말았다.

SAMSUNG

13 홍라희와 결혼하다

당시 이건희는 비자 문제 때문에 미국에서 멕시코로 여행을 갔다가 미국으로 들어가지 못하고 일본 도쿄로 갔다. 당시 한국은 사카린 밀수사건 때문에 삼성에 대한 여론이 좋지 않아서 곧바로 입국하기가 부담스러웠다. 아버지 이병철은 삼성이 최대 위기를 맞고 있었기 때문에 막내아들의 결혼을 서두르기 시작하였다.

당시 어머니는 아들에게 선을 보이려고 당시 중앙일보 사장 홍진기 사장의 딸인 홍라희를 데리고 도착했다. 홍라희는 이건희보다 세 살 아래로 덕수초등학교와 경기여중고를 거쳐 서울대학교 응용미술학과에 재학 중이던 수재였다.

이건희가 일본과 미국 유학을 마치고 귀국한 것은 그의 나이 25세였다. 이건희는 홍라희와 약혼을 하고 그녀가 대학을 졸업하기를 기다렸다가 결혼했다. 결혼 후 이건희는 삼성 비서실에서 견습사원으로 근무하게 된다.

이건희의 업무는 아침마다 신문을 읽고 삼성과 관련된 기사를 찾아 붉은색 밑줄을 치는 일이었다. 아버지이자 삼성그룹의 회장인 이병철이 한눈에 찾기 쉽게 하기 위해서였다. 그 밖의 시간에는 주로 아버지를 수행하며 현장 실무를 익혔다. 그는 회사에 근무할 때는 이병철을 아버지라고 생각해본 적이 없었다. 아버지가 아니라 회장님으로 모셨다. 그만큼 공과 사가 엄격한 부자 사이였다. 이건희는 견습사원 일을 오래하지 않고 미국으로 떠났다.

아버지 이병철 회장은 사카린 사건으로 인해 이미 경영 일선에서 은퇴한다고 선언한 뒤여서 모든 일들을 장남 맹희에게 넘기고 있던 중이었다. 결국, 이 사건으로 뒷전에 있었던 이맹희는 사건 수습을 위해 그룹 차원에서 일선 지휘를 맡게 되었다.

이병철은 은퇴 선언을 한 후 8개월이 지난 1967년 7월 삼성빌딩 내에서 사장단 회의를 열어 이 자리에서 처음으로 이맹희를 삼성의 총수로 정하고 삼성을 이끌어 갈 권리를 부여한다고 선언했다.

그러나 이병철은 모든 것을 이맹희에게 맡기는 것이 불안했던지 일주일에 한 번은 꼭 삼성 본관에서 지내며 아들의 일을 점검했다. 이맹희는 한국비료 사건으로 나락에 빠진 삼성을 살리려고 열심히 일했다. 이맹희는 조직을 재점검하고 새로운 이미지를 위해 삼성의 변화를 주도하려 하였다. 그러나 변화에 대한 직원들의 반발이 커졌다. 더욱이 그때까지 이병철을 보필했던 창업공신들도 도와주지 않았다. 결국, 이들의 강한 반발에 부딪히게 되어 이맹희는 회장에서 실각하였다.

SAMSUNG

14 동양방송에서 일하다

1968년 이병철은 미국에 나가 있던 이건희를 불렀다. 아버지는 이건희를 중앙매스컴나중의 동양방송과 중앙일보 이사로 임명했다. 이건희는 비로소 공식적으로 첫 직장 동양방송에 입사하면서 삼성에 발을 들여 놓게 되었다. 대학원에서 그의 부전공이 매스컴학이었던 점이나, 그가 매스컴이나 연관 분야에 관심과 능력이 있었던 점이 큰 역할을 할 시기가 온 것이다.

아버지가 인생에서 한번은 정치가가 되고 싶은 생각에 홍보를 위한 매스컴이 필요해 만든 회사였기 때문에 아주 특별한 의미가 있는 회사였다. 아버지는 이 회사를 이건희에게 맡기고 싶어서 외국 유학 시절에 매스컴에 대한 공부를 하라고 주문하기도 하였다.

아버지는 5·16때 부정 축재자로 낙인이 찍혀 온갖 수모를 당했던 억울한 기억을 지울 수가 없었다. 그래서 깨끗한 정치를 하여 오명을 벗고 싶었다. 그러나 고민을 했지만 자신은 정치가보다는 사업가가 맞다는 생각을 굳히고 정치가가 되는 것을 포기하였다.

하지만 정치보다 강한 힘을 가질 수 있는 것이 언론이라고 생각해서 종합 언론사를 만들기로 했다. 그래서 1964년 5월 9일과 11월 7일에 라디오 방송국인 라디오 서울과 텔레비전 방송국인 동양텔레비전 방송이 개국되었고, 초대 사장으로 홍진기에게 경영을 맡겼다.

홍진기는 자유당 때 검사를 지내다 법무부 장관과 내무부 장관을 맡아 발포 명령을 해서 4·19와 5·16때 사형선고를 받았지만, 운이 좋게 풀려난 사람이다. 이병철은 홍진기의 해박한 지식과 통찰력을 높게 사서 중앙일보를 맡겼다.

당시 중앙일보는 최고의 신문사를 지향하며, 초유의 호화 사옥을 건립하고, 최신의 기자재와 시설을 갖추고 기존의 언론 기관에 선전포고를 하면서 시장에 진입하였다. 막강한 삼성에서 후원하는 신문사였기 때문에 기존의 언론사들은 긴장할 수밖에 없었다. 중앙일보는 창간 1년 뒤에 28만 부를 돌파하였으며, 경영도 삼성의 지원 없이도 돌아갈 정도가 되었다.

하지만 창간 1년 만에 사카린 사건이 터지자 중앙일보는 삼성을 옹호하면서 상당한 타격을 입었다. 그러나 이후에 중앙일보가 정치에 개입하고 영향을 주기 시작하면서 이병철은 언론의 위력을 새삼 깨달았다.

이병철은 장남 이맹희의 새로운 변화를 주도하는 경영에 불안감을 느끼기 시작하였다. 그래서 이건희를 불러 중앙매스컴의 이사로 앉혀 적당히 경쟁을 시키고 싶었다.

15 아버지의 결심

이병철은 장남 맹희에게 모든 권한을 물려주려고 했으나, 새로운 변화에 반발하는 직원들이 늘어 감에 따라 더는 이맹희를 믿을 수가 없었다. 이맹희는 아버지가 은퇴했기 때문에 자신이 회장이 될 수 있다고 생각했다. 그러나 냉철한 아버지는 회장의 권한을 이맹희에게 전부 실어주지 않았다.

나름대로 중앙일보 사장인 홍진기는 자신의 사위인 이건희가 회장이 되었으면 하는 바람을 가지고 있었다. 그래서 이건희에게 집중적으로 경영 수업을 시키고 있었다. 이맹희는 이건희가 이사로 있으면서 그의 장인이 사장인 중앙매스컴의 위력을 알고 있었기 때문에 긴장할 수밖에 없었다.

이병철은 점차 삼성의 모든 권한을 물려줄 후계자로 이건희를 생각하게 되었다. 마침 감옥에 갔던 이창희가 병보석으로 풀려나서 경영에 참여하고 싶었다. 그러나 아버지는 이창희의 이미지가 나빴기 때문에 우선 큰일보다는 작은 일만 추천하였다.

3남 이건희를 후계자로 옹립하려는 것에 대해 아버지 이병철 대신 감옥에 가서 고생을 하고 나온 이창희의 불만은 최고조에 달했다. 감옥에서 나오면 은근히 회사 경영에 참여할 줄 기대했던 이창희는 오히려 아버지로부터 따돌림을 당했다고 생각했다. 이병철은 감옥을 다녀온 사람을 곧바로 경영 일선에 내세운다면 국민 여론이 좋지 않을 터이니 우선은 조금 쉬다가 그룹 안의 작은 기업을 맡아서 일단 운영해 보라고 했다.

이창희는 이미 자신이 후계자가 되기 어렵다는 것을 깨달았다. 동생 이건희가 후계자가 된다는 사실에 분노를 참지 못한 이창희는 급기야 삼성이 세금을 포탈하고 외국으로 재산을 빼돌렸다는 투서 형식으로 된 장문의 고발 편지를 써서 청와대에 보냈다.

삼성그룹과 이병철 일가족에 대한 모든 비행과 비리 사실을 보고받은 박정희 대통령은 상당히 분노했으며, 청와대 사정 보좌관실을 시켜 비밀리에 진상을 조사하도록 지시했다. 투서 사건은 일파만파로 번졌다.

이병철은 이창희를 불러 화를 내며 단호하게 말했다.

"내가 살아 있는 동안 다시는 한국 땅을 밟지 마라."

하지만 이창희는 강하게 반발했다. 이창희는 형 이맹희를 설득해서 같이 아버지를 내몰자고 하였다. 그러나 이맹희는 아버지가 얼마나 무서운 사람인지를 알았기 때문에 동생의 제안에 동의하지 않았다. 결국, 이창희는 아버지의 한국을 떠나라는 말이 떨어지고 한 주가 안 되어 짐을 싸서 출국했다.

이병철은 이창희가 꾸민 일이지만 장남 이맹희가 개입되어 있다는 의심을 거두지 못했다. 이병철은 이맹희에 대한 의심이 높아가면서 자연스럽게 이건희에 대한 믿음이 높아만 갔다.

결국, 사카린 사건은 3남 이건희가 삼성그룹 총수에 오르는 결정적인 계기를 마련해 준 셈이 되었다.

16 삼성전자를 설립하다

1960년대까지 우리나라는 풍부한 노동력과 저렴한 임금 탓에 외국 기업들의 전자제품 조립공장이 많이 세워졌다. 반면에 국내의 전자 기술은 아직 걸음마 수준에서 벗어나지 못하고 있었다. 이런 환경에서 이병철은 1966년 8월 은퇴를 선언하고 일선에서 물러나 있었다. 장남인 이맹희와 함께 삼성의 새로운 성장 산업으로 무엇을 할까 고심하다 자동차산업과 전자산업을 놓고 고심하였다.

이맹희는 자동차와 전자를 같이 시작하자고 했지만 이병철은 전자를 먼저 하자고 했다. 이병철은 이맹희에게 말했다.

"봐라, 전자는 생산품 1g당 부가가치가 17원인 반면에 자동차는 1g당 3원 몇십 전밖에 더 되나?"

이병철은 부가가치로 따지면 전자제품 가운데 반도체가 최고로 높다는 것을 알았다. 결국, 아버지의 뜻에 따라 삼성은 전자산업에 진출하기로 결심했다.

한편으로 이병철은 국내외 인사들로부터 일선에 복귀해야 한다는 추천을 계속 받았다. 일본의 재계 거물들은 도쿄에서 만날 때마다 삼성이 위기에 빠졌다고 경고를 해주었다. 이병철은 고심할 수밖에 없었다. 결국, 이병철은 본인이 직접 나서서 1968년 6월 12일 일본의 아사히신문과 인터뷰를 통해 경영 일선 복귀와 전자산업 진출을 선언했다.

"한국 재벌의 공통점은 소비재 산업에 기반을 두고 있습니다. 따라서 중화학 공업화에 어떻게 적응해 나가느냐가 큰 과제입니다. 전자공업은 앞으로의 성장 분야입니다. 지금 미국이 최첨단을 가고 있지만 삼성도 여기에 나서고 싶습니다."

아직은 이맹희를 완전히 밀어낸 것은 아니었지만 직접 인터뷰를 했다는 것은 경영 일선에 복귀한다는 것을 뜻하는 것이었다. 이병철의 발언으로 한국의 재계는 발칵 뒤집어졌다. 그도 그럴 것이 삼성은 독자적으로 전자제품을 생산할 수 있는 기술력을 가지고 있지 않았기 때문이다. 따라서 삼성은 일본 부품을 도입하여 단순 조립하기 위해 합작 투자로 시장에 진입하려고 하였다. 일본 기술과 일본 자본을 도입하여 삼성에서 전자제품을 만들면 결국 경쟁력이 약한 국내 경쟁에서 뒤질수 밖에 없었기 때문에 국내 업체들은 충격에 빠질 수밖에 없었다.

6월 26일 금성사, 대한전선, 동남전기 등 기존 59개 업체들로 똘똘 뭉친 한국전자공업협동조합은 대정부 건의서를 내며 삼성의 전자업계 진입은 국내 기술이 설 땅을 잃게 되므로 일본과의 합작 투자를 해서는 안 된다고 맹렬히 공격했다.

당시 전자업계를 거의 독점해 온 럭키그룹LG 구인회에겐 특히 충격이었다. 구인회와 이병철은 경남 진양 지수초등학교를 함께 다녔고, 구인회의 3남 구자학과 이병철의 차녀 이숙희가 결혼하여 둘은 사돈이기 때문이었다. 이후로 삼성과 럭키그룹은 불화가 깊어 갔다. 하지만 이병철은 승부사답게 개인적인 관계와 사업을 철저히 구분하여 물러서지 않았다.

정치권에서도 삼성의 전자산업 진입을 반대하고 나서자 이병철은 박정희 대통령을 만나서 전자산업을 국가 기간산업으로 발전시켜야 한다고 주장했다. 정부는 6월 19일 전자부품을 수출 전략 산업으로 개발한다는 요지의 '전자공업진흥 8개년 기본계획'을 발표하여 오히려 삼성의 전자사업 진출 길이 열리게 되었다.

삼성은 우여곡절 끝에 1969년 삼성전자를 설립하였다. 그리고 1973년 삼성전자에서 만든 텔레비전이 미국과 캐나다에 최초로 수출되었다.

SAMSUNG

17 이병철 회장의 복귀

이병철은 삼성전자가 성공적으로 시장에 진입하자 복귀를 꿈꾸었다. 이병철이 은퇴를 선언했던 1966년에 그의 나이는 66세였고, 복귀를 꿈꾸던 1973년에는 73세였다. 아직은 건강도 허락되었고, 주변에서도 아직 일하기에는 한창이니 복귀를 하라는 제안을 해왔다. 사카린 사건 이후 국민과 언론의 부정적인 여론도 시간이 상당히 지나 잊혀가고 있었다.

무엇보다 복귀를 서두르게 된 것은 아직까지 이맹희와 자신이 내린 지시 사이에서 직원들이 혼란을 겪고 있는 것을 보고 빨리 정리해야겠다는 생각을 했다. 삼성전자를 도약시키기 위해서는 일사불란하고 강력한 지도력이 필요했다.

삼성은 종업원 수가 10만 명이 넘는 대기업이고, 그 대리점이나 하청업체까지 합하면 엄청난 규모에 이른다. 삼성이 흔들리면 국가적인 문제가 될 수 있다. 삼성을 올바르게 보전시키는 일은 삼성을 일으키고 키워온 일 못지않게 중요한 일이었다.

마침 박정희 대통령도 1972년 유신을 통해서 장기 집권의 기반을 탄탄하게 다진 뒤부터는 삼성에 대해서 부드럽게 대하기 시작했다. 하지만 이맹희는 아버지의 의도를 전혀 알아채지 못했다.

결국, 1973년 이병철은 이맹희를 불러 말했다.

"니 직함이 몇 개나 가지고 있노?"

"열댓 개 되는 것 같습니다."

"니가 다할 수 있나?"

이맹희는 아버지의 모습을 보면서 뭔가 낌새를 차리기 시작했다.

"다 잘할 수는 없심더."

"그럼 할 수 있는 일만 해라."

아버지는 이맹희가 할 수 없는 일들을 하나둘씩 하지 말라고 했다.

이병철은 복귀 의사를 강하게 표현하지는 않았지만, 맹희는 간접적으로 복귀 의사를 전달하는 것을 깨달았다.

'아, 이제 아버지가 나보고 물러나라고 하시는구나.'

그렇게 이병철은 이맹희에게 최종적인 통고를 했다.

결국, 이맹희는 총수의 역할을 아버지에게 돌려주고 뒤로 물러났다. 그리고 이맹희는 6개월 동안 아무 일도 하지않다 일본으로 쉬러 갈 수밖에 없었다. 그때까지만 해도 이맹희는 자신이 아버지의 후계자라고 생각하고 있었다. 그러나 그것이 영원한 휴가가 될지 이맹희는 알지 못했다. 일본으로 떠난 이맹희는 일본을 방문한 아버지가 공항에 도착했는데도 나가지를 않았다. 그리고 이맹희는 삼성의 일본 지사에 출근하면서 직원들과 마찰이 일어나고 있다는 소식이 한국에 있던 이병철의 귀에 들리기 시작했다. 이러한 이유로 아버지의 눈가에서 이맹희는 점점 벗어나게 되었다.

이병철은 10년 정도 경영 일선에서 물러났다가 다시 경영에 복귀하여 다시 삼성의 총수가 되었다.

이병철 회장(오른쪽)과 홍진기 전 중앙일보 회장(왼쪽) 가운데 어린이는 이재용(현재 삼성전자 부회장)

18 삼성반도체를 만들다

약 10년 간 TBC와 중앙일보 이사로 일하던 이건희는 주변의 만류에도 불구하고 1970년대 중반에 새로운 사업을 추진했다. 그것은 반도체 사업이었다. 당시 미국과 일본에서는 컴퓨터와 반도체가 화두였다. 그리고 전자제품과 첨단 무기들을 만들기 위해서 반도체가 엄청나게 필요했다. 그러나 당시 우리나라는 겨우 웨이퍼 가공 생산을 위해 부천에 '한국반도체'를 설립할 정도였다.

당시 삼성전자는 세계 오일 파동으로 경영난을 겪게 되고 이를 계기로 이건희는 부가가치가 높은 첨단기술산업에 진출해야 한다는 확신을 가지게 되었다. 더욱이 반도체 사업은 삼성의 전자 부문을 살리고 최고가 될 수 있는 기회를 만들어 줄 것으로 예측했다.

1974년 이건희는 TBC 이사의 자격으로 이병철 회장에게 반도체 산업에 진출할 것을 건의했다. 그러나 이병철 회장은 아직은 시기상조라고 판단했다. 반도체 산업이라는 것은 막대한 투자비용과 기술 분야의 전문화가 이루어져야 가능한 산업이었다. 그러나 당시 삼성은 반도체 산업을 고부가가치 산업으로 선정해서 언젠가는 해야 하는 사업 분야라고 생각했지만, 아직은 이른 것이라고 생각하였다. 반도체 산업은 지금까지 삼성이 해왔던 사업과는 개념부터 다르게 크고 막대한 투자가 필요하다는 생각을 하였기에 이병철은 선뜻 승낙할 수 없었다.

이건희는 자신의 건의가 무산되자 아버지의 뜻과는 달리 바로 사업을 시작하겠다고 생각하였다. 당시 부천에 한국 최초의 와이퍼를 만들다 부도 위기에 놓여 있던 한국반도체라는 작은 회사가 있었다. 이건희는 사재 4억 원을 모아 한국반도체를 인수하였다. 삼성전자는 한국반도체를 반도체사업부로 흡수하여 개편을 단행하며 내실을 기하려고 하였다. 그러나 자체 기술이 없이 도입한 반도체 사업은 나날이 고전을 겪게 되었다. 자본금을 모두 잠식한 채 가까스로 몇 번의 위기 상황을 넘겼으며, 삼성반도체는 그룹의 미운 오리로 낙인이 찍혔다.

이병철은 지지부진한 반도체 사업에 대하여 여기서 멈추어야 할지 아니면 본격적으로 투자해서 살릴 것인지를 면밀히 검토하였다.

이병철은 10년 전만 해도 삼성이 시작하기에는 아직 시기적으로 이르다고 생각했지만, 이제는 어느 정도 기술력이 생겨 해볼 만하다고 생각하였다. 삼성이 반도체 사업을 시작한 지 불과 10년이 채 안 된 시점에서 삼성은 본격적으로 반도체 개발에 나서게 되었다.

1983년 2월 8일, 오늘날 삼성의 운명을 바꿔 놓은 반도체 사업에 본격적으로 진출하기로 결정을 한 날이다. 그로부터 한 달 후, 삼성은 반도체 사업에 대한 의지를 대내외적으로 공식 발표하였다.

업계나 주변에서는 부정적인 말만 했다.

"3년 안에 실패할 것이다."

"TV도 제대로 못 만드는데 최첨단으로 가는 것은 위험하다."

당시 국내 반도체 사업의 수준은 반제품을 들여다 가공, 조립하는 수준으로 기초 단계였다. 삼성의 경우는 가전제품용 LSI고밀도 집적회로를 간신히 생산하는 단계에 불과했다. 삼성은 반도체 사업에 본격적으로 진입하겠다는 발표와 함께 동시에 64K D램 기술 개발에 착수한다고 발표하였다.

누가 봐도 걸음마 단계였던 삼성에서 선진국형 고부가가치를 창출하는 D램 생산은 무모한 도전으로 느껴졌다. 하지만 64K D램 개발을 위해서 모든 발표를 하기까지 삼성전자는 주도면밀하게 시장조사와 사업 구상을 하였다.

이건희는 매주 일본으로 가서 반도체 기술자를 만나 그들로부터 D램 개발에 조금이라도 도움될 만한 것을 배워서 한국에 돌아와 적용했다. 그리고 삼성의 취약점인 전문가 부족을 해결하기 위해 반도체 분야의 전문 인재를 영입하면서 반도체 사업에 박차를 가했다.

삼성은 D램 개발을 시작한 지 불과 6개월 만인 1983년 12월 1일, 국내 최초로 64K D램 개발에 성공하며 미국, 일본에 비해 10년 이상 격차가 났던 반도체 기술을 4년 정도로 단축시켰다. 이는 한국의 기술력을 세계에 과시한 기적 같은 소식이었다. 일본은 한국이 실패할 것이라고 생각했는데 삼성의 성공으로 충격이 컸다.

이후 반도체 산업의 정상에 오르기 위해서 기흥 지역을 공장 부지로 최종 확정하고, 일반적으로 2~3년이 소요되는 공사를 착공 6개월 만에 완공하며 국내 반도체 산업의 메카 '기흥밸리'를 탄생시키는 기적을 보여주었다. 이어서 1994년 256M D램, 1996년 1Gb D램을 세계 최초로 연달아 개발하면서 차세대 반도체 시장을 주도하게 되었다.

19 이병철의 유언

1971년 1월의 어느 날, 삼성그룹 회장의 집무실에서 이병철 회장은 붓글씨로 또박또박 유언장을 작성했다. 유언장의 주요 내용은 다음과 같았다.

"장남 맹희는 경영에 뜻이 없고, 차남 창희는 많은 기업을 하기 싫어한다. 삼남 건희도 처음에는 본인이 사양했으나 마지막에는 '역량은 부족하나 맡아 보겠다'는 뜻을 보였다. 이러한 경위로 삼성그룹의 후계자는 건희로 정한 만큼 건희를 중심으로 삼성을 이끌어 갈 것이며, 홍진기 중앙일보 회장이 뒷받침해서 승계해주기 바란다."

유언장을 보면 홍진기 회장에 대한 두터운 신뢰와 함께 건희를 후계자로 선택한 배경을 짐작하게 해준다. 이병철은 당대 최고의 경영인답게 세 아들을 주도면밀하게 관찰했고, 그들의 경영 능력을 나름대로 분석하고 있었다. 그가 후계자를 선정할 때 고려한 점은 삼성을 대표하여 덕망과 관리 능력을 갖추고 기업을 경영할 수 있는지를 가장 중요하게 생각하였다.

유언장은 아무에게도 알리지 않고 오직 고문변호사의 공증을 받은 후 금고 속에 보관하였다. 그리고 2월 18일에는 사장단 간담회에서 중대한 발표를 했다. 자신의 재산 중 일부를 삼성문화재단에 기부하고, 일부는 직계 자녀와 유공 사원에게 상속할 것이며, 나머지는 일단 자기 소유로 뒀다가 나중에 유익한 방도를 찾겠다고 하였다.

이병철은 1976년 9월 위암 판정을 받았다. 이병철은 위암의 권위자가 있는 일본의 도쿄 암연구소 부속병원에서 수술하기로 결정했다. 미래를 예측하기 어려운 이병철은 수술받으러 가기 전에 가족들을 용인의 별장으로 불러 모았다. 그 자리에는 이맹희 부부와 딸들도 함께 했지만 이건희는 수술 준비차 일본에 머물러 있었기에 참여할 수 없었다. 이병철은 가족들에게 후계자에 대해 처음으로 입을 열었다.

"앞으로 삼성은 건희가 이끌어 가도록 하겠다."

삼성이라는 대그룹이 장남이 아닌 3남으로 승계된 것은 파격이었다. 따라서 당시 자리에는 충분히 다른 가족들에게 충격적인 발표였다. 특히 장남이었던 이맹희는 당연히 삼성의 경영권이 자신에게 올 것으로 생각했는데 그렇지 않자 충격이 가장 컸다.

도쿄 암 연구센터에서 이병철 회장의 위암 수술이 성공적으로 끝났다. 이병철은 다시 삼성그룹의 총수로서 일선에서 경영하였다. 이후 삼성종합건설, 삼성조선, 삼성정밀, 삼성해외건설, 코리아엔지니어링, 한국전자통신, 한국안전시스템, 삼성라이온즈, 호암미술관, 삼성시계, 조선호텔, 삼성의료기기, 삼성휴렛패커드, 삼성유나이티드항공, 삼성데이터시스템, 삼성경제연구소 등을 설립하거나 인수하여 오늘날 삼성그룹의 토대를 완성하였다.

이건희는 1978년부터 본격적으로 아버지로부터 경영 수업을 받기 시작하였다. 1979년 2월, 37세의 이건희는 삼성그룹 부회장으로 승진하면서 이병철 회장 집무실 옆방으로 자리를 옮겼다. 본격적인 후계자로서 경영 수업이 시작되었다.

20 삼성 부회장이 된 이건희

이건희가 삼성 부회장으로 출근하면서 이병철 회장은 이건희를 자신의 방으로 불러 경영에 대한 철학과 노하우들을 전수했다.

어느 날 이병철은 이건희를 불러서 붓을 들어 '경청傾聽'이라는 휘호를 써주면서 말했다.

"대기업의 총수가 되려면 앞으로 남의 말을 잘 듣거라."

실제로 남의 말을 잘 듣는 경영자는 매우 드물다. 오히려 경영자들은 대부분 자수성가하였기 때문에 자신의 판단과 결정이 옳아서 현재에 이르렀다고 생각하고 남의 말을 잘 듣지 않는다. 이병철 회장은 다른 성공한 경영자와 달리 남의 말을 잘 들어 주는 경영자였다. 남의 말을 충분히 듣고 나서 어떻게 할지를 결정하는 기업인이었다. 그런 영향 때문인지, 이건희도 남의 말을 끝까지 경청하기로 유명하다.

이병철은 아들에게 경청이라는 의미를 알려주면서 묵시적으로 삼성의 경영에 대해서는 자기가 하는 말을 잘 들으라는 경고도 포함되어 있었다. 말을 잘 듣지 않으면 형들처럼 경영에서 쫓겨날 수 있다는 것을 암시하기도 한 것이었다.

이병철은 후계자 수업을 하면서 그룹 경영의 의사 결정에는 일절 참여하지 못하게 했다. 오직 자신이 하는 것만을 지켜보게 했다. 그리고 이병철은 계열사를 둘러볼 때마다 항상 이건희에게 수행하도록 지시하여 현장 경험을 쌓게 했다. 또한, 계열사 사장들로부터 업무보고를 받을 때는 늘 이건희를 배석시켰다. 이건희는 아버지를 통해서 삼성의 총수로서 어떻게 처신을 해야 하고 리더십을 가져야 할지를 배웠다.

이건희는 어떤 일을 하든지 철저한 검증을 거쳤다. 사업을 새로 시작하려고 하면 항상 비서들이나 구조조정본부 등에 충분한 조사를 시키고 보고를 받았다. 이건희는 보고를 검토한 후 다시 자신이 직접 각계의 전문가를 만나 의견을 들은 다음에도 충분한 검토를 하였다. 그래서 이건희가 지시를 내린다는 것은 최소한 여섯 번 이상 검증된 것이라고 말하기도 한다. 그만큼 철저한 검증을 거친다는 말이다. 이병철도 생전에 '돌다리도 두드려 보고 건넌다'는 마음으로 검증하는 것을 좋아했는데, 이건희는 이병철보다 철저하였다.

이병철과 이건희

이건희는 이병철 회장을 근 10년간 가장 가까이서 모시면서 후계자 수업을 듣다 보니 습관까지 닮아 갔다. 이병철은 당대 최고의 경영인이기도 했지만, 자기관리에도 철저했다. 평생을 아침 6시 기상, 밤 10시 취침을 지켰다. 당연히 이건희도 아버지를 따라다니다 보니 아버지처럼 생활을 익혀 갔다.

이병철은 항상 중요한 것들은 적어서 다시 보고 확인하는 메모광이었다. 이병철은 회의나 계획을 세우기 위해서 항상 자신의 생각과 의견을 담은 메모를 치밀하고 구체적으로 적어서 지시했다. 치밀한 지시를 받은 계열사 사장들은 이병철의 지시를 수행하느라 언제나 진땀을 뺐다.

이건희는 1978년부터 이병철 회장이 타계한 1987년에 이르기까지 약 10년간 이 같은 철학에 바탕을 둔 경영 수업을 받았다.

TIP

이건희는 아버지로부터 '경청'의 중요성에 대해서 깨닫게 되었다. 그래서 이건희는 사장단 회의나 보고를 받을 때 대부분 듣는 데 많은 시간을 할애하였다. 그래서 삼성이 오늘날 세계 최고의 기업으로 성장했다고 할 수 있다.

이건희는 남의 말을 충분히 듣고 그것을 바탕으로 충분히 옳고 그름을 판단하여 실수없이 정확하게 말했다. 리더가 되기 위해서는 남의 말을 잘 들어 주는 습관이 필요하다. 남의 말을 듣고 상대방의 마음을 헤아리고 충분히 검토한 후에 말해야 실수를 줄이고 상대방으로부터 인정받을 수 있다.

21 유공 인수의 실패와 좌절

1973년 10월 제4차 중동전쟁이 일어나자 산유국들은 석유 가격 인상과 생산량을 줄이게 되었다. 석유의 가격은 갑자기 네 배나 폭등했다. 이로 인해서 한국의 기업들은 에너지 확보가 최고의 관심사였다. 안정적으로 에너지를 공급받는 것도 중요하고, 조금이라도 싼 에너지를 공급받아야 원가를 줄여 수출에 도움이 되거나 수익이 증가할 수 있었다.

당시 대한석유공사이하 '유공' 이라는 회사가 있었는데, 국영기업으로서 외국 기업인 걸프사로부터 원유를 공급받아서 국내에 팔고 있었다. 그런데 이 유공에 지분을 가지고 있던 걸프사가 수익이 나지 않자 철수를 결정하여 정부에서는 어쩔 수 없이 민영화를 준비하고 있었다.

정부에서는 민영화 방침을 발표하면서 유공이 국가 기간산업인 동시에 정유산업이라는 업종의 특수성을 감안하여 유공을 인수할 민간 기업의 인수 자격 기준을 까다롭게 제시했다. 이병철은 이건희에게 유공을 인수하라고 지시하였다. 이건희는 자신에게 맡겨진 첫 번째 사업이었기 때문에 충분한 조사를 거쳐서 일선에서 현장 지휘를 하면서 의욕적으로 추진하였다. 그러나 결과는 참담하게도 선경지금의 SK에게로 넘어갔다.

당시 삼성에 비해서 조그만 회사인 SK에게 유공을 뺏겼다는 사실은 이병철에게 충격적이었다. 지금까지 거의 사업에 실패를 하지 않고 승승장구를 하였던 이병철은 깊은 충격에 빠졌다. 이건희도 삼성의 중화학공업 진출에 중요한 역할을 할 수 있는 유공 인수에 실패한 것에 대해서 심각한 정신적 타격을 입고 좌절하였다.

이건희는 유공 인수의 실패에 빠져 있을 수만은 없었다. 삼성의 숙원 사업 중 하나였던 에너지의 안정적인 공급을 위해서 국내에서의 실패를 외국에서 만회하려고 하였다. 이건희는 첫째로 말레이시아의 석유회사 레트로나스와 삼성물산 등 4개 회사가 컨소시엄을 형성해서 원유를 공동으로 개발하기로 하는 결정을 얻어냈다. 둘째로는 알래스카와 베링리버 탄광 개발 사업에도 착수하였다.

그러나 안타깝게도 이건희의 집념과 노력은 원유 가격이 점차 하락하면서 굳이 외국에서 에너지를 찾지 않아도 되었다. 결국, 이건희는 자신이 부회장이 돼서 아버지의 첫 번째 사업인 유공 인수에 실패 했을 뿐 아니라 외국에서 에너지를 개발하는 사업도 효과를 보지 못했다.

이건희는 처음으로 맡긴 사업이라 꼭 성공해서 아버지에게 자랑스러운 아들이 되고 싶었다. 그러나 최선을 다했음에도 불구하고 운명의 여신은 이건희에게 행운을 주지 않았다. 이건희는 사업의 실패로 인해서 아버지에 대한 죄송함도 있었지만, 삼성의 숙원 사업을 성사하지 못했다는 자책감에도 빠졌다. 그는 실패를 통해서 앞으로 자신이 어떻게 처신해야 하는지를 배웠다.

이건희는 사업 실패에 따라서 자신이 직접 결정을 내리는 일은 더는 맡지 않았다. 만약 자신이 자꾸 아버지의 사업을 실패하게 되면 자신의 미래도 예측할 수 없기 때문이었다. 물론 실패를 만회할 기회를 갖고 싶었다. 그러나 아버지는 더는 기회를 주지 않았다. 이건희는 아버지의 결정을 묵묵히 보고 따라가야만 했다.

1982년 10월 말, 양재도로를 타고 가다 이건희는 큰 교통사고를 당한다. 덤프트럭이 정면으로 덮쳐 차체는 박살이 나고 몸은 튕겨나갈 정도로 큰 사고였다. 외상은 크지 않았지만 골병이 심해서 고통 때문에 진통제를 수도 없이 맞아야 했다. 이후부터 공개 석상에 모습을 잘 나타내지 않았다.

이후부터 그룹 내에서 이건희의 총수 승계에 대한 불만을 가진 그룹들은 각종 유언비어를 퍼뜨리면서 이맹희를 다시 총수로 추대하려는 움직임이 일어났다.

이건희는 최대한 조용히 참으면서 때를 기다렸다. 괜히 잘못 행동했다가는 자신마저 아버지의 눈 밖에 나기가 쉬웠기 때문이었다. 이건희는 세상을 산다는 것이 쉽지 않다는 것을 또 한 번 깊게 경험하는 기회가 되었다.

1986년 5월, 이병철의 몸에 이상 징후가 나타났다. 다시 암에 걸린 것이다. 암은 뇌까지 전이되어 이제는 손을 쓸 수 없었다. 1987년 11월 19일, 이병철 회장은 78세를 일기로 타계하였다. 3,000여 명의 임직원이 도열한 가운데 용인자연농원 안에 있는 호암미술관의 뜰에 묻혔다.

이병철은 1938년 대구에서 과일과 건어물을 취급하는 삼성상회로 출발해 1987년 작고할 때까지 37개 기업을 거느린 삼성그룹을 50년에 걸쳐 이끌어온 경영의 달인으로 생애를 마쳤다.

이병철 회장은 자본금 3만 원으로 시작해서 창업 49년 후인 1987년에는 삼성을 자본금 6,310억 원에 수출 11억 2,500만 달러, 총매출액 17조 4,000억 원, 경상이익 2,668억 원, 종업원 16만

596명에 이르는 한국 으뜸 그룹으로 성장시켜 그 바통을 이건희에게 넘겼다.

02 세상을 향해 도전하라

세상을 향해 도전하라

이건희는 46세에 이병철 회장이 숨을 거두자 부회장에서 삼성그룹 회장으로 취임하였다.

이건희가 총수가 되고 1년이 지난 1988년 삼성 50주년 기념식에서 '제2의 창업'을 강조하면서 '세계적인 초일류기업'이라는 과제를 좀 더 구체적으로 제시했다.

그러나 '초일류 기업'을 추진하려고 했지만 아버지의 경영 방침에 익숙해 있던 임직원들은 변하지 않으려고 했다.

이건희는 이대로 가다가는 삼성 전체가 역사 속에서 사라질 것 같은 절박한 심정의 위기의식까지 느꼈다.

우선 이건희는 조직을 장악하기 위해서 비서실을 축소해 나갔다. 그리고 삼성의 조직 문화를 위해 개혁을 단행했다. 직원들은 움직이지 않으려고 했지만, 이건희의 현장 감독과 지속적인 감독으로 서서히 조직의 문화가 바뀌어 나갔다.

이건희는 임직원들에게 마누라와 자식을 빼고는 다 바꾸어야 한다고 주장했다. 그리고 라인 스톱제, 자율출근제, 불량품 없애기, 질 경영 등을 통해서 점차 삼성을 변화시켜 나갔다.

삼성은 이건희의 지도로 IMF라는 초유의 경제 위기를 극복하고 세계 초일류 기업으로 성장하였다.

이건희 회장이 취임하던 지난 1987년 당시만 해도 매출은 9조 9,000억 원 정도였다. 수출은 63억 달러, 임직원은 10만 명, 시가총액은 1조 원이었다. 그러나 25년이 지난 2012년 삼성은 연간 매출 384조 원을 달성하는 글로벌 기업으로 성장했다. 25년 사이 무려 39배나 성장한 것이다. 이는 필리핀의 국내총생산GDP과 비슷한 수준이다. 임직원 수는 같은 기간 4배 증가한 42만여 명으로 집계됐다. 삼성의 자산은 435조 원에 달하고, 영업이익은 20조 원을 웃돌 전망이다.

01 삼성그룹 회장으로 취임하다

1987년 11월 19일, 이병철 회장이 숨을 거둔지 열두 시간쯤 지나 삼성 본관에서 삼성그룹의 사장단 회의가 열렸다.

사장단에서는 회사 경영에 잠시라도 공백이 있어서는 안 된다는 결정을 내리고 이병철 회장의 뜻에 따라 이건희를 삼성그룹 회장으로 임명하였다. 이건희는 이렇게 해서 9년간 부회장을 거치면서 많은 것을 인내하며 지내다, 1987년 12월 1일 호암아트홀에서 삼성그룹의 신임 회장으로 취임하였다. 1,300여 명에 이르는 임직원들이 장내를 가득 메웠고, 신임 회장인 이건희는 복도 중앙을 걸어 나가 단상에 올랐다. 이병철 회장이 타계한 지 20일이 갓 지난 무렵이었다.

이건희는 사장단의 추대 형식으로 삼성그룹의 승계를 인정받았다. 부친을 여읜 슬픔도 채 가시지 않는 시기에 그는 취임사를 통해

떨림과 울먹임으로 자신의 심정을 전했다. 장내의 분위기는 가라앉아 있었으며 숙연하기까지 했다. 46세 젊은 총수의 취임이었다.

이건희가 취임한 지 1년이 지난 1988년에는 삼성 50주년 기념식을 서울올림픽 체조경기장에서 열었다. 이건희는 기념사를 통해서 ‘제2의 창업’을 강조하면서 ‘세계적인 초일류 기업’이라는 과제를 좀 더 구체적으로 제시했다.

이건희는 제2의 창업을 위해 삼성그룹의 목표로 신규 사업의 추진과 사업 구조를 재편하겠다고 발표했다. 신규 사업으로는 우주항공 산업과 유전공학, 고분자화학 등 미래 첨단 분야로의 진출을 의미한다.

사업 구조 개편은 그때까지 분리되어 있던 전자와 반도체, 통신을 하나로 합병하겠다는 것이었다. 바로 이때의 구조 개편이 오늘날 삼성전자가 세계적인 전자회사로 자리 잡게 된 기초가 되었다고 볼 수 있다.

그러나 이건희 체계의 기틀을 다지기 위한 구조 개편은 생각만큼 쉬운 일이 아니었다. ‘초일류 기업’을 추진하려고 했지만 임직원들은 변하지 않으려고 했다. 50년 동안 아버지에게 굳어진 조직 문화는 새로운 변화를 원하는 이건희의 요구에도 움직이지 않았다.

이건희가 제2창업을 선언하고 몇 년이나 지나도 달라지는 것은 거의 없었다. 직원들은 삼성이 국내에서 최고라는 생각을 가지고 있었기 때문에 변화의 필요성을 느끼지 못했다. 이건희는 이대로 가다가는 삼성 전체가 역사 속에서 사라질 것 같은 절박한 심정의 위기의식까지 느꼈다. 이건희 회장의 눈에 비친 삼성은 국내에서 최고라는 안일함과 자만감에 도취되어 있었다.

삼성의 법적인 최고 실력자는 이건희였지만 이미 삼성그룹의 조직은 아버지의 조직이었기 때문에 장악하기가 어려웠다. 이건희가 실권을 잡음으로써 새로운 세력이 들어오고 언젠가는 자신들이 퇴출당할지도 모른다는 위협감에 오히려 이건희를 견제하는 조직도 나타났다. 이건희가 회장으로 취임하여 의욕적으로 일했지만, 눈에 띌 만한 가시적인 성과를 거두지 못했다.

이건희는 이건희는 삼성 직원들의 국제화를 위해서 삼성의 사원이 되면 누구나 6개월에서 1년간 외국에 파견하는 제도를 실행하도록 지시했다. 그러나 비용이 많이 들고 사원들의 불만이 많다는 이유로 비서실과 사장단은 지시에 따르지 않았다. 이건희는 크게 화를 냈고 마지못해 시행하게 되었다.

새로운 총수가 임명됨에 따라 변화에 익숙하지 않았던 조직의 안과 밖에서는 이건희를 우려와 의심으로 바라보았다. 새로운 변화는 결국 자신들의 기득권이 뺏길 수 있다는 불안감을 갖게 한다. 그 때문에 이건희의 변화 요구에 대하여 쉽게 따르려고 하지 않았다. 직원들 중에는 삼성과 이병철 일가에 대한 좋지 않은 비밀들을 알고 있는 사람이 많았다. 그들이 어떻게 나갈지 알 수가 없었기 때문에 이건희는 무조건 강하게만 밀어붙일 수도 없었다. 이러한 상황은 이건희에게 상당한 고통을 주었다.

아버지가 세상을 떠난 뒤에도 아버지의 조직들은 여전히 이건희를 견제하며 신임 회장의 변화에 보이지 않게 거부하면서 저항하였다. 이건희는 그룹의 총수로서 하고 싶은 일을 마음대로 추진할 수 없어서 불면증과 식욕 감퇴로 식사를 제대로 하지 못할 정도로 힘든 시기였다.

1987년 이건희 회장 취임식

02 비서실을 장악하다

이건희가 회장이 되어서 가장 큰 당면 과제는 새로운 사업을 전개하는 것보다는 조직을 개편하는 일이었다. 그중에서도 가장 중요한 것은 자신에게 반기를 들고 순응하지 않는 직원들을 스스로 물러나게 만들거나 순응하도록 만드는 일이었다. 삼성그룹을 장악하기 위한 첫 번째 시도는 권력의 핵심인 비서실을 장악하는 것이었다.

당시 삼성은 회장이 지시를 하면 이를 각 계열사가 실천하는 전형적인 상의하달식 경영이었다. 아버지가 돌다리도 두드려 보고 건너는 성격이었기 때문에 자신의 경영을 합리적으로 하기 위해서 1959년 비서실을 만들었다. 비서실을 처음 만들 때는 삼성물산 내에 있는 과 조직 중 하나였는데, 출범 당시엔 인원도 20여 명에 불과했다. 그때까지만 해도 삼성그룹 내에서 비서실은 주로 일상적인 일들을 처리하는 조직이었다.

그 후 일본의 3대 재벌 기업인 미쓰비시와 미쓰이, 스미모토 그룹의 비서실과 군대조직 등 다양한 부문을 벤치마킹하고, 그 위에 이병철 회장의 개인적인 경영관을 반영시킨 특수 조직으로 커졌다.

비서실 업무의 가장 중요한 업무는 정보의 수집과 분석이다. 기업에 있어 정보의 유무는 이익과 직결되어 있어 기업이 죽느냐 사느냐 하는 결정을 내리게 한다. 일본이 한때 세계 무역을 주름잡고 국가적인 부를 축적할 수 있었던 것은 물건도 잘 만들었지만, 정보 수집과 분석을 통한 사업을 기획하고 실천했기 때문이었다. 따라서 일본의 기업들에 있어서 비서실의 역할은 매우 중요하였다. 이병철 회장은 일본의 비서실 제도에서 좋은 점만을 모아 삼성만의 비서실 제도를 구축한 것이다.

비서실은 정보의 수집과 분석에서 시작하여 점차 기획과 조정 업무까지 담당하게 되었다. 삼성이 점점 커지면서 세계의 각 지점으로부터 올라온 각종 정보를 바탕으로 모든 상황을 기획 · 조정 하기 시작하였다. 결국, 이 조정권은 업무 명령으로 발전하였으며, 비서실장은 사장을 대신해 각 지점에 업무 명령을 내릴 수 있는 권한을 가지기 시작하였다.

비서실은 점차 정보수집 외에 감사, 홍보, 기획, 조사, 인사, 국제금융, 재무, 기술, 비서, 정보 시스템, 경영관리 등 폭넓은 방면에서 이병철 회장을 보좌했다. 비서실은 시간이 갈수록 강력하고 대규모 조직이 되었다. 결국, 비서실은 이병철의 분신처럼 되었으며 점차 권력을 독점하기 시작하였다.

비서실은 뛰어난 정보수집 능력을 가지고 사안에 대한 치밀한 분석력과 기획력, 그리고 막강한 권한을 부여받음으로써 사내 계열사들을 벌벌 떨게 하기도 했다. 삼성의 직원들이 가장 두려워한 것은 비서실의 감사팀이었다. 비서실 감사팀은 직원들의 비리를 찾아내어 징계를 주거나 해직시켰기 때문에 두려운 존재였다. 관리부서의 권한이 필요 이상으로 강하다 보니 정작 물건을 생산하는 말단 현장부서는 일하기가 보통 어려운 것이 아니었다.

아버지가 80%의 권한을 가지고 있었다면 비서실은 각 계열사 사장과 각각 10%를 나누어 행사할 정도로 막강한 기관이었다. 그러나 실제로는 아버지의 80%마저 비서실에 위임했기 때문에 90%의 권력을 가지고 있었던 것이다. 비서실은 권력만 막강한 게 아니라 한국 최강의 정보 분석 조직으로도 유명하였다.

이건희는 비서실의 개혁 없이는 삼성의 개혁이 불가능하다고 판단했다. 이건희는 비서실의 권한을 대폭 줄여 각 계열사의 경영권을 사장단에게 대폭 위임하겠다는 목표를 세웠다. 이른바 자율 경영 강화라는 목표 아래 비서실을 사장단과 분리하여 고립시키겠다는 의도였다.

당시 비서실은 이건희를 현장에서 격리시키려는 움직임까지 보였다. 그래서 이건희가 현장을 방문하면 일하는 척하라든지, 부동자세를 취하라고 하든지 회장의 의도와는 상관없는 업무를 지시하기도 하였다.

이건희는 더는 비서실의 횡포를 그냥 놔둘 수가 없었다. 그래서 회의를 할 때마다 임원들에게 경영 능력이나 자질이 부족하다고 제목소리를 내기 시작하였다. 급기야 1990년 가을에는 비서실 임원들을 신라호텔로 여러 차례 불러서 자율 경영 체제에 대한 자신의 의지가 제대로 관철되지 않음을 심하게 꾸짖고 비서실이 장애요인이 되고 있다고 말했다.

마침내 1990년 12월 이건희 회장은 당시 비서실장을 삼성생명 부회장으로 전격적으로 전출시켰다. 당시 비서실장은 이건희와 동갑이었으며 대학을 졸업하고 입사해 1978년 비서실장으로 아버지를 모시면서 수족처럼 떠받들어 일하던 사람이었다. 아버지가 회장을 수행하는 동안 1/3을 일본에서 보냈는데, 이때마다 비서실장에게 권한을 위임하였기 때문에 비서실장의 권한은 하늘을 찌를 듯했다. 비서실장이 전격적으로 전출됨으로써 비서실은 갑자기 중심을 잃게 되었다.

이건희는 이어서 비서실의 15개 팀을 10개 팀으로 축소하고 비서실장의 권한을 대폭 축소하였다. 이후 해체 직전인 1998년에는 인사, 재무, 기획홍보, 비서, 경영관리 등 5개 팀에 인원 100명으로 감축하였다. 그리고 그 이듬해에는 정부의 기획실 축소 방침에 따라 아예 비서실 제도가 폐지되고 구조조정본부로 명칭도 바뀌게 되었다.

03 개혁을 단행하다

이건희가 회장이 된 후에 일본인 기술고문들에게 삼성에서 근무하면서 느낀 점을 써서 제출하라고 지시하였다. 삼성의 일본 현지 법인에 근무하던 일본인 기술고문은 삼성의 문제점을 진단하여 이건희에게 보고하였다. 기술고문이 지적한 문제점은 삼성의 기술개발 수준, 경영자의 자세, 직원들의 근무 태도 등에 대한 것이었다. 보고서의 내용은 다음과 같았다.

"삼성전자에는 삼성병이 있다. 소비적이며 비계획적이고, 철저하지도 구체적이지도 못하다. 마이크로micro와 매크로macro도 구분하지 못한다. 삼성병을 고치지 못하면 삼성은 망한다."

직원들은 훌륭한 능력을 갖고 있었지만 자신들이 제일이라는 자만에 빠져 창조적인 도전을 하지 않았다. 근무 자세가 적극적이지 않았으며, 관리자들은 너무 급하고 실적과 결과만을 평가한다. 새로운 기술을 개발하기보다는 일본 기업의 신기술만을 빼가려 하고 있다는 것을 지적하였다. 그리고 직원들의 기술 개발 수준 및 추진 속도가 느리며 연구한 것이 전달되지 않고 있어 세계적인 기업으로의 성장이 어렵다고 판단했다. 또한, 기술연구소의 기술 수준도 기초 단계를 벗어나지 못해 제 기능을 하지 못하고 있다는 것이었다.

이건희는 보고서를 보고 충격을 받았으며 분노했다. 당대 최고의 회사라고 생각했던 삼성전자가 많은 문제가 있다는 것을 처음으로 외부인의 시각으로 깨닫게 된 것이었다. 그동안 비서실장, 본부장, 사장까지 몽땅 자신에게 거짓말로 보고를 해왔다는 것을 비로소 깨달았다. 무려 25년간 삼성에 몸담고 있어 삼성에 대해서는 잘 알고 있다고 생각했는데, 이 같은 보고서를 살펴보니 삼성에 대해 자신이 너무 모르고 있다는 울화가 치밀어 올랐던 것이다.

막상 회장이 되어 경영을 하다 보니 삼성에는 근본적으로 고쳐야 할 문제점들이 수도 없이 많았던 것이다. 50년간 빈틈없이 경영해 왔다는 이병철의 삼성도 사실은 내부적으로 엄청난 문제점들이 숨겨져 있었던 것이다.

그도 그럴 것이 당시 삼성의 직원이 10만 명을 넘어서면서 회장의 눈에 닿지 않는 곳이 생기기 시작한 것이다. 그리고 계열사가 전국 각지에 흩어져 있고, 전 세계적으로 많은 지사를 거느리고 있다 보면 천하의 이병철도 당해낼 재간이 없었던 것이다.

한국에서는 관리를 제일 잘한다는 삼성그룹도 이 정도의 수준에 불과했기 때문에 이건희 회장의 실망도 컸다. 이건희는 조직이 작을 때는 기업 이념만을 가지고도 경영이 가능하지만, 조직이 커지면 기업 이념이 아니라 경영 이념이 도입되어야 한다는 사실을 깨달았다. 이건희 회장은 기술고문들이 제시한 문제점을 정리한 후 과장급 이상 간부사원들에게 회람을 지시하면서 삼성의 기업 문화를 바꾸려고 시도하였다.

1991년 12월 사장단 회의에서는 다음과 같은 문제점을 지적하였다.

"기술을 강조했더니 효율은 무시한 채 사람 머릿수와 연구개발비를 무턱대고 늘리고, 개발 과제도 지나치게 방만하게 펼쳐 외형적이고 전시적인 기술 중시에 치우치고 있다."

이건희 회장 자신이 엔지니어 이상으로 기술에 대해 잘 알다 보니 지시사항을 수시로 내려보냈다. 기술부서에서는 회장의 지시사항을 이행하느라 태스크포스TF팀을 잇달아 신설하고, 실제로는 일의 진척이 눈에 안 보이면서 일하는 것처럼 흉내만 내는 일들이 빈발해졌다. 그리고 사내 연구원의 수는 많이 늘어났는데도 막상 진행되는 일은 별로 없고, 새로 만든 기술도 실용성이나 경쟁력이 떨어지는 것들이었다. 그래서 비용 부담만 늘어나고, 회사 자체의 수익 구조가 악화되는 현상이 발생하게 되었다. 게다가 직원들의 의식구조는 세상이 국제화로 향해 가고 있는데 아직도 국내 최고에 만족하고 있는 상황이었다. 그뿐만 아니라 직원을 외국에 파견할 때도 유능한 인재를 시장 잠재력이 큰 후진국에 배정해야 하는데, 실제로 유능한 인재는 이미 시장 기반이 정착된 선진국으로 보내지고, 후진국에는 오히려 실력이 떨어지는 직원이 파견되는 비효율적인 인사가 진행되기도 했다.

결국, 이건희 회장은 더는 삼성 그룹을 그대로 놔둘 수가 없었다. 이건희는 1991년 12월 자신의 삼성 경영을 효율적으로 하기 위해서 창업 이래 최대 규모로 대대적인 인사를 단행했다. 생산기술 부문에서 38명, 해외 부문에서 17명을 선발하여 무려 217명을 임원으로 승진 발령하였다. 이건희는 삼성이 발전하기 위해선 기술 개발과 국제화를 추진해야 하는데, 그러기 위해서 필요한 인사 조치였다. 이는 분명 이병철 선대 회장과는 확연히 다른 경영 방식을 보여주는 것이었다.

04 삼성가의 재산 분할

이건희 회장이 자기 체제를 굳히는데 가장 큰 걸림돌은 형제간의 재산 싸움이었다. 삼성가의 분할은 이병철 회장 시절에 이미 어느 정도 이루어진 바 있었다. 그러나 이병철 회장 자신의 사후를 대비해 삼성의 다음 후계자를 분명히 명시했지만, 구체적으로 어떻게 삼성을 분할할 것인지에 대한 언급은 없었다. 따라서 아버지가 돌아가시자 마자 형제들은 자신들의 권리를 주장하면서 재산 분할을 요구하기 시작하였다.

삼성 내에서는 나름대로 이건희 형제들과 친분을 갖고 있는 직원들이 많았기 때문에 다른 형제들이 힘을 합해서 대항하게 되면 이건희는 후계자로서의 위상이 흔들리게 되고 미래를 예측하기 어려웠다. 형제들은 자신의 지분을 차지하기 위해서 적극적으로 행동에

옮기면서 이건희는 위기감이 생겼다. 이 싸움이 진행되면서 둘째 형 이창희가 1991년 7월 미국의 로스앤젤레스에서 백혈병으로 사망했다. 이 일을 계기로 형제간의 재산분할은 신속하게 진행되었다.

1991년에는 이병철의 장녀이자 이건희의 누이인 이인희에게는 전주제지, 고려병원을 분할했는데 훗날 한솔그룹으로 탈바꿈하였다. 이건희의 여동생 이명희에게는 신세계백화점이 분할되었다. 일단 여자 형제들에게는 재산 분할 작업을 마쳤다.

1995년 2월에는 로스앤젤레스에서 이건희 회장과 장녀인 이인희 한솔제지 고문, 막내인 이명희 신세계백화점 상무, 그리고 이맹희의 아들이자 장손인 이재현 제일제당 상무 등이 모임을 가졌다. 이날 열린 가족회의에서 우선 제일제당과 안국화재는 이병철의 장남인 이맹희에게로 넘어가 오늘날 제일제당 그룹이 되었다. 이어 차남 이창희의 사망에 따라 제일합섬이 새한미디어에 편입됨으로써 이창희의 부인 이영자 여사와 그 아들 이재관에게로 넘어갔다.

삼성의 분할 과정에서는 다소 우여곡절이 있었지만, 쌍방의 합의가 비교적 순조롭게 이루어졌다. 그러나 삼성생명의 주식 분할에서는 어려움이 있었던 것으로 보인다. 삼성생명은 오늘날 한국 최대의 보험사이기도 하지만, '현금장사' 라는 측면에서 유사시 자금동

원의 창구 역할을 했기 때문에 누구나 갖고 싶은 회사였던 것이다. 따라서 삼성생명이 누구에게로 넘어가느냐 하는 것이 재산 분할 최대의 관건이었다.

당시 삼성생명의 대주주는 신세계백화점과 제일제당이었다. 삼성생명은 막대한 자산을 가지고 있었지만, 비상장 기업이었다. 당연히 주식시장을 통해서는 지분 정리가 불가능했으며 주당 가격을 얼마로 책정해야 하는지에 대한 결정도 불가능했다. 삼성 측에서는 신세계백화점과 제일제당이 가지고 있던 주식을 주당 20만 원 선에서 구매하겠다는 의사를 보였고 결국 합의에 의해 삼성생명의 인수를 종결짓고 삼성생명을 삼성그룹의 계열사로 완전히 끌어들였다.

이로써 삼성은 모든 재산 분할에 관련된 문제를 매듭지었다. 최종적으로 마무리된 것은 이병철 회장이 타계한 지 8년이 지난 1995년 2월이었다. 이병철 회장이 타계한 후에 재산 분할 때문에 오랜 시간 진통을 겪어왔음을 알 수 있다. 결국, 삼성은 전자와 물산, 엔지니어링, 중공업, 건설, 전관, 전기, 데이터 시스템, 항공, 신용카드, 시계, 호텔신라 등만이 남아 총계열사는 26개에서 24개로 줄어들었다. 비로소 삼성에서 완벽한 이건희 시대가 시작되었다.

05 삼성의 성장과 굴욕

이건희는 형제들과 재산 분할을 일단락하고 대표이사 부사장 제도를 도입하고 100명의 새 임원을 발탁하는 등 모두 217명의 임원 승진 인사를 단행했다. 이로써 삼성은 이건희 체제의 시작을 준비하였다. 이건희는 아버지와 관련된 인물들을 정리하는 작업을 진행하였다.

이건희는 1988년 회장으로 취임하여 1992년까지 5년 동안 이건희는 삼성의 발전을 이끌기보다는 삼성의 문제점 파악과 재산 분할에 주력했던 시기라고 볼 수 있다. 이건희는 회장으로 취임하여 정면에 나서면 기존의 조직들로부터 저항을 받기 때문에, 자신이 원하는 조직으로 바꾸기 전까지는 뒤에서 조용히 지켜보면서 다음을 준비하였다.

이건희가 회장에 취임해서 삼성의 경제적 성장은 꾸준히 이루어졌다. 이병철 회장이 타계한 1987년 삼성그룹 매출은 17조 4,000억 원, 이익은 2,268억 원이었다. 경영 5년 차였던 1992년의 삼성그룹 총매출은 38조 2,100억 원, 이익은 2,935억 원이었다. 이는 이병철 회장의 경영 마지막 해에 비해 매출은 두 배 이상 늘어난 것으로 나타났다.

이건희가 회장으로 취임해서 삼성은 매출이 두 배나 성장한 데 비해 이익은 1987년에 비해 680억 원 정도로 증가하는 데 그쳤다. 결국, 성장은 했지만 이익이 증가하지 않았다는 것은 경영에 문제가 있었다는 것을 의미한다.

하지만 삼성이라는 거대한 조직을 불과 46세의 젊은 나이인 이건희가 맡아서 이만큼 이끌었다는 것은 그의 경영 능력이 탁월했다는 것을 보여준다. 더욱이 기존의 조직들은 이건희의 경영 방식에 조직적으로 저항하기도 하였고, 지시가 충분히 전달되지 않았다는 것을 고려한다면 대단한 성과라고 할 수 있었다.

이건희는 우려했던 재산 분할을 무사히 마치고 새롭게 사업을 구상하기 시작했다. 그리고 일본인 기술고문들에 의해 지적된 삼성의 문제점을 직접 확인해 보고 싶었다. 이건희는 1992년 6월 일본에 건너가 한 달 동안 머무르면서 일본의 첨단 반도체 관련 자료와 정보를 구해 국내 산업과 비교하면서 삼성반도체의 경쟁력과 발전 방향들을 생각해 보았다. 그리고 삼성의 본격적인 개혁을 의미하는 이른바 '바꾸자' 경영을 준비하였다.

1993년 이건희 회장은 그동안 준비한 것들을 가지고 경영권을 확실하게 장악하기 위해서 칼을 빼어 들었다. 1월 11일 계열사 사장단을 4개 부문으로 나누어 경영 전략을 토의하는 가운데 이건희는 사장들에게 말했다.

"21세기를 대비하기 위한 마지막 기회를 맞고 있다는 각오로 새로운 출발을 합시다."

이건희는 자신의 생각을 사장단들에게 말하고 강하게 삼성을 개혁하기로 결심하였다.

이건희 회장은 1월 31일 삼성전자가 8mm VTR을 세계 최초로 개발했다는 소식을 들으며 미국과 통상 관련 현안을 논의하고 시장조사를 위해 로스앤젤레스로 떠났다. 우선 삼성의 임원들과 로스앤젤레스에 있는 가전제품 매장을 방문했다. 삼성 제품들이 어떤 평가를 받는지 확인해 보기 위해서였다. 매장에는 세계 최고의 일류제품인 GE, 필립스, 소니, 도시바의 제품들이 디자인과 성능을 자랑하고 있었다. 그런데 삼성 제품은 구석에서 먼지를 뽀얗게 뒤집어쓰고 있었다. 이건희 회장과 임원들은 충격을 받았다. 국내에서는 일류라고 자랑하던 삼성 제품이 외국에서는 눈길조차 받지 못하고 있었던 것이었다.

이건희는 2월 28일부터 LA 센추리호텔에서 디자인과 품질을 비교하는 평가회의를 하겠다고 지시했다. 이건희는 200여 평의 홀에 전 세계적으로 유명한 메이커의 캠코더, TV, 냉장고, 세탁기, VTR, 전자레인지 등 78가지에 이르는 제품을 전시하고 회의를 시작하였다. 이건희는 임원들이 지켜보는 가운데 삼성전자 제품과 경쟁사의 제품을 하나씩 분해하면서 기능과 부품의 차이점을 지적해 갔고, 임원들은 왜 삼성전자 제품이 미국에서 대접을 받지 못하는지를 알게 되었다.

이건희는 일본 시장도 확인해 보고 싶어서 바로 도쿄로 갔다. 이틀 동안 이건희는 임원들과 일본 최고의 전자상가인 아키하바라의 전자제품 매장을 방문했다. 이건희는 일본의 매장에서도 삼성이 천덕꾸러기 대접을 받고 있는 것을 확인할 수 있었다. 마치 이렇게 싼 제품이 있다는 것을 확인시키기 위한 전시 같았다. 이건희는 자존심이 상할 만큼 상했다. 국내에서는 최고라고 자랑하던 삼성이 외국 시장에서는 창피할 정도였기 때문이다.

06 삼성을 바꾸다

1993년 3월 22일 서울올림픽공원 체조경기장에서 제2창업 기념식을 하였다. 경기장에는 만 명이 넘는 임직원들로 가득했다. 이건희는 말했다.

"오늘은 내가 제2창업을 선언한 지 5년이 되는 날입니다. 나는 5년 전 바로 이 자리에서 '21세기 초일류 기업'이라는 원대한 비전을 제시하였으며 여러분들은 '위대한 내일'을 실현하기 위해서 새롭게 태어날 것을 굳게 다짐한 바 있습니다.

삼성은 외형적으로 두 배의 성장을 이루었고 국민의 사랑을 받고 있습니다. 그러나 우리가 기대했던 만큼의 성과는 아니었습니다. 세계가 급변하고 있기 때문에 우리의 갈 길은 멀고 도전은 계속되고 있습니다.

21세기를 앞둔 남은 7년이 우리가 세계 초일류 기업으로 살아남느냐 아니면 주저 앉고 말 것인가를 결정하는 마지막 시기가 될 것입니다.

앞으로 우리가 살아남기 위해서는 역사적 소명의식으로 무장하고, 기술 우위를 확보하고, 낡은 관행과 제도를 과감히 청산하는 일입니다.

이를 위해 나는 솔선수범하여 '경영자로서의 책임'과 '기업인으로서의 명예'를 지켜 나가는 데 혼신의 힘을 다할 것입니다. 또한, 우리 삼성도 '국가의 대표 기업'이라는 각오로 그에 따르는 모든 책임과 고통을 감내할 것입니다. 여러분들도 나의 충정을 깊이 이해하고 위대한 내일의 삼성을 창조해 나가기 위해 한 사람의 낙오자도 없이 동참해 주기를 바랍니다."

이건희는 연설을 통해서 직원들에게 앞으로 자신의 편에 서지 않으면 가차 없이 목을 치겠다는 강력한 압박을 가했다. 즉 자신을 반대하는 세력에게 선전포고를 한 것이었다. 이건희는 제2창업 제2기를 선포하고 그동안 사용해 왔던 그룹의 경영 이념과 정신, 그룹의 마크 등을 바꾸고 대대적인 개혁을 해나갔다.

삼성은 1990년대 초 수십 개의 계열사와 복잡한 사업 구조로 말미암아 기업 이미지는 전혀 체계가 없이 중구난방이었다. 로고도 삼성을 한자로 표기한 것과 외국에서 쓰는 세 개의 별 마크 등 여러 가지가 공존했다. 이들 로고는 시대에 매우 뒤떨어졌으며 다양한 대상에 일관되게 적용하기에도 복잡한 형태였다. 또한, CEO가 이건희로 바뀌면서 '제2의 삼성' 이라는 슬로건을 내걸고 있었다. 이에 따라 1993년 하나의 삼성으로 통일하는 대대적인 리뉴얼이 단행되었다.

글로벌 삼성의 새 로고는 특히 외국에서 주로 IT 브랜드로 인식될 것을 고려해 IT를 상징하는 파란색이 적용되었다. 약간 비대칭의 파란색 타원형을 배경으로 산세리프체로 삼성의 영문자가 들어있는 형태다. 새 로고로 바꾼 뒤 삼성은 제품의 품질은 물론 디자인 수준을 높였으며, 뉴욕 타임스퀘어에서 네온 광고를 하고 올림픽 스폰서가 되는 등 공격적인 마케팅을 진행했다. 그 결과 인터브랜드가 발표하는 세계 100대 브랜드에서 매년 꾸준히 등수를 높여 소니를 앞지르는 성과를 낳았다.

삼성 로고의 변화

SAMSUNG

07 후쿠다 보고서

1993년 6월 4일, 이건희는 일본의 도쿄에 있는 오쿠라호텔에서 일본의 전자업계의 선진 기술을 전수받기 위해 직접 스카우트한 후쿠다를 비롯한 서너 명의 일본인을 만났다. 후쿠다는 1989년 삼성전자 정보통신 부문 디자인 고문으로 영입되어 1999년까지 일한 인물이었다. 이건희는 그들에게 그동안 삼성전자를 보고 느낀 점을 허심탄회하게 말해 달라고 했다. 간곡한 부탁이라 일본의 고문들은 조금씩 말문을 열었다. 그중에서 후쿠다는 자신의 생각을 적은 보고서를 이건희에게 주었다.

6월 5일, 이건희 회장은 독일 프랑크푸르트로 가는 비행기 안에서 이 보고서를 펼쳐 들었다. 이건희는 보고서를 읽으면서 분노했다. 보고서의 내용은 삼성전자를 걱정하면서 쓴 삼성전자의 문제점을 적은 글이었다.

"삼성전자가 이 상태로 가면 세계 유수 업체들과의 경쟁에서 절대 이길 수 없습니다. 이유는 내가 근무하는 동안 책임자에게 세 차례나 발전 방안을 냈지만 번번이 좌절당했습니다. 일본 기술자를 소개했더니 싸우고 배타적으로 결점만 찾아내 쫓아냈습니다. 50만 평의 땅 위에서 수만 명이 일하면서 겨우 수백 억의 이익을 낼 것 같으면 차라리 종합운동장을 세우고 삼성 스케이트장을 만들고 다른 회사처럼 삼성월드를 만들면 돈도 더 벌고 삼성 PR도 될 겁니다. 정말 삼성은 수준 이하였으며 삼성에 근무하는 것을 후회합니다."

이건희는 로스앤젤레스에서 회의를 한 이후 계획대로 변화되어 잘 운영되는 줄 알았는데 모두 거짓말을 하고 자신을 속여 왔다는 것을 깨닫고 분노를 느꼈다. 이미 4년 전에 일본의 기술고문들이 지적한 내용이 하나도 변화되지 않고 남아 있었다. 자만과 안일에 빠져 있는 삼성에 대혁신을 가져와야 한다고 작정하게 된다.

마침 6월 5일 하네다공항을 떠나려는 이건희 회장에게 삼성 비서실 사내 방송팀에서 제작한 비디오테이프 한 개가 배달되었다.

이건희는 임원과 함께 공항에서 비디오테이프를 시청하였다. 비디오테이프에 담겨 있는 내용은 세탁기 생산 현장에서 뚜껑이 맞지 않자 플라스틱 뚜껑을 칼로 2mm 정도 깎아낸 다음 조립하는 내용이었다. 원래는 금형을 새로 제작해야 하는데 그러면 시간이 걸리니까 문제가 있는 부분을 칼로 깎아내는 작업을 선택한 것이다.

이건희 회장은 경악을 금치 못했다. 어떻게 국내 최고 기업인 삼성에서 제품을 만드는데 주먹구구식으로 일하는지 얼굴이 뜨거워졌다. 이건희 회장은 프랑크푸르트에 도착하자마자 이학수 비서실 차장에게 전화를 걸었다.

"지금부터 내가 하는 말을 녹음하시오!"

그는 호통을 치며 지시했다.

"내가 질 경영을 그렇게도 강조했는데 그 결과가 뭡니까? 도대체 그렇게 강조했는데 바뀐 게 뭔가요? 사장들과 임원들을 전부 프랑크푸르트로 집합시켜요. 이제부터 내가 직접 나섭니다."

이건희 회장은 프랑크푸르트에서 회의를 소집하라고 하고 후쿠다 고문에게는 푸짐한 상금을 내리라고 지시하였다.

삼성의 핵심 경영진 200여 명은 갑자기 이건희 회장의 소집에 푸랑크푸르트행 비행기에 몸을 실어야 했다.

SAMSUNG

08 마누라와 자식을 빼고 다 바꿔라!

1993년 6월 7일 월요일, 이건희 회장은 독일 프랑크푸르트의 어느 호텔에서 회의를 진행하기로 하였다. 삼성에게 프랑크푸르트는 역사적으로 매우 중요한 곳이었다. 삼성은 1964년 유럽 지역 최초로 프랑크푸르트의 애쉬본에 삼성물산의 독일지점을 개설하여 동유럽 지역 진출의 전진기지 역할을 했다. 이처럼 프랑크푸르트는 삼성의 유럽 중심 본부였던 것이다.

이건희가 프랑크푸르트를 회의 장소로 선택한 이유는 독일이 통일된 후 유럽의 변화를 직접 체험하고 시대적 흐름을 따라 미래의 삼성을 구상하려는 의지에서였다.

이건희가 후쿠다의 보고서와 유럽의 정세 변화 속에서 느낀 위기감은 대단한 것이어서 등에 땀이 나고 밤에도 한잠을 못 잘 정도였다. 당시 삼성은 1992년 5월에 삼성전자의 컬러 TV 등 네 개의 제품이 세계 명품으로 선정되었으며, 8월에는 세계 최초로 64메가 D램을 개발했으며, 9월에는 삼성전기가 중국 공장에서 생산을 시작했고, 11월에는 삼성전자가 제조업체로는 처음으로 40억 불 수출을 달성했다. 1993년에는 국산 이동전화 시스템을 러시아에 수출하였으며, 고화질 TV용 프로젝션 브라운관을 개발했으며, 그리고 16메가 D램 양산 공장을 준공하기도 했다.

삼성은 나름대로 잘나가고 있었기 때문에 아무도 위기 상황을 인식하지 못했다. 위기는 입체적으로 다가오는데 삼성은 아직도 자만하고 있다는 생각에 이건희는 마음이 심란했다. 더욱이 그룹 내부에서 발생한 몇몇 비도덕적 행위들은 이건희에게 실망을 넘어 결국 그를 분노케 했다.

이건희는 회의를 네 차례에 걸쳐 계획하였고, 첫 번째 대상은 사장단을 대상으로 했다. 사장들은 회의가 진행되기 전부터 이건희 회장이 전과 달랐기 때문에 긴장하고 있었다. 이건희 회장은 회의를 시작하면서 말했다.

“하네다공항에서 비행기를 타기 전에 사내방송팀이 보내준 비디오테이프를 보았습니다. 내용이 참 기가 막혔습니다. 세탁기를 만드는데 치수가 안 맞으니까 그 자리에서 어설프게 응급조치를 한다고 부품을 깎아서 억지로 끼워 맞추는 장면이 있었습니다. 그래서 여러분을 불렀습니다. 이게 내가 말하던 질 경영입니까? 내가 벌써 몇 년째 질 경영을 강조했는데 고작 이겁니까?

지금은 신용과 이미지를 파는 시대입니다. 불량품을 한 개라도 파는 회사는 범죄 행위를 저지른 것과 같습니다. 공장 가동을 중단하거나 시장 점유율이 떨어지는 한이 있더라도 원인을 근본적으로 규명하고 대책을 수립해서 올해 안으로 품질을 세계 수준으로 끌어올리세요.

삼성전자는 암 2기, 삼성중공업은 영양실조, 삼성종합화학은 선천성 기형, 삼성물산은 삼성종합화학과 삼성전자의 병을 합쳐서 둘로 나눈 정도의 병을 앓고 있습니다.

앞으로 21세기에는 초일류가 아니면 살아남지 못합니다. 대변혁의 시대에 하루속히 적응하지 못하면 삼성은 이류, 삼류로 뒤처지고 맙니다. 마누라와 자식을 빼고는 다 바꾸어야 합니다. 그래야 살아남을 수 있습니다."

이건희의 프랑크푸르트 회의는 소위 '신경영 선언'과 같았다. 이건희 회장은 삼성의 신경영을 위하여 전 세계에 있는 임직원을 상대로 350시간의 강연과 토론을 했다. 그는 삼성의 번영을 위하여 회장으로서 자신의 명예와 생명을 질 것임을 전 삼성 임직원 앞에 엄숙히 약속했다. 오늘날은 양 대신 질을 요구하기 때문에 우리의 경영도 양에서 질로 중심을 옮겨야 한다고 강조했다. 또한, 이건희는 '처자식 빼고 모든 것을 바꾸자' 고 변화를 주장했으며, 자신이 변화 대열의 최선봉에 서서 실천할 것도 약속했다.

이 선언은 삼성 내부의 조그만 한 목소리에 불과할지도 모르지만, 당사자들인 삼성의 식구들에게 있어서는 혁명 못지않은 의의를 가지는 것이었다.

1993년 "마누라와 자식만 빼고 다 바꿔라"는 신경영 선언 때의 이건희 회장

09 개혁을 시작하다

1993년 6월 23일, 이건희 회장은 베를린으로 가서 삼성전관이 인수한 WF사를 돌아보았다. WF사는 경영 부실로 1,000여 명 직원들의 일자리가 위협을 받게되자 삼성이 인수한 회사다. WF사는 베를린 시에 대지 3만 평, 건평 1만 4,700평 규모의 공장을 갖추고 있으며 1,220명의 종업원이 연간 120만 개의 컬러 브라운관을 생산하고 있었다. 그런데 이건희가 방문한 WF사는 품질에서 경쟁력에 밀려나 재고가 산더미처럼 쌓여 있었다.

이후 이건희는 프랑크푸르트에서 시작된 신경영 대장정은 스위스 로잔, 영국 런던, 영국 빌링햄, 일본 도쿄 등 8개 도시를 돌며 임직원 1,800여 명이 참여한 가운데 350시간의 회의 형식을 빌어서 강연을 하였다. 변화와 개혁의 필요성에 대한 강연으로 삼성은 바꿔어야 한다는 인식을 하는 데 성공했다. 그리고 국민으로부터도 호의적인 여론을 얻어냈다.

불량의 온상이라는 오명을 쓴 세탁기 생산 라인은 신경영 선언 뒤 곧바로 '라인 스톱제'를 시행하도록 지시했다. 수량을 맞추기 위해 제품에 불량이 있음에도 불구하고 이를 그대로 생산하는 시스템으로는 경쟁에서 이길 수 없다는 판단 때문이었다.

라인 스톱제는 현장에서 불량이 발생할 경우 즉시 생산 라인 가동을 멈추고 제조 과정 문제점을 완전히 해결한 뒤 재가동하는 제도다. 그전까지 삼성전자의 불문율 중 하나는 '무슨 일이 생겨도 생산 라인은 세우지 않는다'였다. 실제로 삼성의 공장에서는 불량품이 생겨도 생산 라인이 멈추는 일은 일어나지 않았다.

이유는 생산 라인을 세우고 불량품이 발생한 요인을 찾다 보면 그 시간 동안 제품을 생산하지 못하게 되고, 이는 매출의 감소로 이어지기 때문이다. 또 당시에는 불량품이 섞인 제품을 내다 팔아도 수백억 원의 흑자가 나던 시기이니까 불량품이 나와도 큰 문제로 삼지 않았다. 그러다 보니 제조업자의 기본 양심이라고도 할 수 있는 불량품이 발생할 때 생산 라인을 세우는 것을 그 어느 누구도 시도하지 않았다.

그래서 이건희는 라인 스톱제가 완전히 정착될 때까지 확인하고 또 확인했다. 결국, 어쩔 수 없이 현장에서는 이건희 회장의 지시대로 라인 스톱제를 시행할 수밖에 없었다. 이 제도 시행으로 불량률이 30%에서 많게는 50%가 줄었다. 불량품이 줄어드니 당연히 삼성에 대한 이미지는 좋아질 수밖에 없게 되었다.

그러나 이건희는 여기서 멈추지 않고 개혁 정책을 발표했다. 그 중에 하나가 '조기 출퇴근제'였다. 조기 출퇴근제는 원래 오전 8시 30분부터 오후 5시까지의 삼성 근무 형태를 오전 7시에 출근하고 오후 4시에 퇴근하게 하는 제도였다. 출근 시간을 1시간 30분 앞당김으로써 잠에서 덜 깬 직원들이 개혁을 몸으로 느끼게 만드는 조치였다. 직원들은 익숙한 생활에서 새로운 근무 시간에 적응하기 어려워했다. 이건희는 말했다.

"일찍 퇴근을 해서 운동을 하든지, 친구를 만난다든지, 어학 공부를 해야지 뭐하러 6시 넘어서까지 회사에 앉아 있습니까?"

자신의 전문 분야에만 정통한 I자형 인재보다는 다방면에 능통한 T자형 인재를 선호한 이건희 회장은 이러한 출퇴근 제도를 통해 구성원들의 자기계발을 원했던 것으로 보인다. 그러나 이건희의 지시로 이루어진 7 · 4근무제는 제대로 실시되지 않았다. 일부 계열사에서는 출근 시간은 7시로 앞당겼지만 퇴근 시간은 종전의 6시를 고수했다. 밝은 대낮에 퇴근하는 것이 익숙지 않은 정서도 발목을 잡았다. 또한, 회사로부터 불이익을 받지 않을까 걱정하는 직원들은 일찍 출근했는데도 불구하고 저녁을 먹은 뒤에 다시 회사로 돌아와 일하기도 하였다. 이건희는 불호령을 내렸다.

"당장 제대로 하시오!"

이 제도는 실제로 회사의 발전에 기여를 했는지, 직원들의 자기 계발에 도움이 되었는지 등에 대해서는 여러 가지 이견이 있었다. 하지만 이건희의 개혁은 임직원들과 국민에게 신선한 충격을 주는 데는 성공했다. 그러나 이 제도는 나중에 사원들의 저항에 부딪혀 1998년 7월부터 부분적으로 철회되어 2002년에는 그룹에서 완전히 폐지되었다.

조기 퇴근제를 획일적으로 적용함에 따라 문제가 발생하자 삼성에서는 자율 출근제를 시행하였다. 획일적인 출근 시간을 폐지하고 자신이 원하는 시간에 출근할 수 있도록 한 이 제도는 구성원들의 호평을 얻고 있다. 회사 측 역시 업무 효율이 높아진 것으로 평가하고 있다. 이에 따라 삼성전자는 자율 출근제 시행 범위를 확대하고 있다.

TIP

이건희는 그동안 해오던 방식이 변화되지 않으면 세계 일류 수준에는 영원히 도달할 수 없다고 생각했다. 이건희는 생산 공정 중에 문제가 발생하면 누구든지 그 생산 라인 전체를 멈추고 며칠이 걸리든 몇 달이 걸리든, 심지어 손해가 발생하더라도 전 직원이 달라붙어 문제의 원인을 찾고 해결하도록 '스톱 라인제'를 실시하도록 지시했다.

그러나 무사안일에 빠져 있던 삼성은 회장의 지시 한 번으로 기술자들이 생산 라인을 스톱하는 일은 일어나지 않았다. 그래서 이건희는 라인 스톱제가 완전히 정착될 때까지 확인하고 또 확인했다. 라인 스톱제가 생산 문화의 하나로 자리 잡은 순간부터 삼성전자는 소비자들로부터 신뢰감을 쌓으며 빠른 속도로 일본을 따라잡기 시작했다.

최고가 되기 위해서는 완벽한 물건을 만들어야 한다는 이건희 회장의 생각은 결국 삼성을 세계적인 기업으로 만들어 놓은 것이다.

SAMSUNG

10 불량품을 없애라

'라인 스톱제'와 함께 삼성의 질 위주 경영을 보여주는 또 하나의 사례는, 지난 1995년 3월 삼성전자 구미 사업장 운동장에서 거행된 불량 무선전화기 화형식이었다. 회사에서 추석 선물로 지급한 무선전화기가 불량품이 많아 못쓰겠다고 불만이 터졌다. 당시 이 무선전화기 불량률은 11.8%에 달할 정도로 심각했다.

이건희 회장은 매우 화가 나서 말했다.

"고객이 두렵지도 않으냐?"라며 불같이 화를 낸 뒤 이렇게 지시했다.

"시중에 나간 제품을 모두 걷어 들여 공장 사람들이 보는 앞에서 태워 버리라."

삼성은 이건희 회장의 지시대로 연초부터 고객에게 판매한 약 15

만 대의 불량품을 전부 회수하였다. 그리고 삼성전자 구미 사업장 운동장에 전 직원을 모이게 했다. 2,000여 명의 직원들은 “품질은 나의 인격이요, 자존심!”이라고 쓰인 현수막 아래 “품질 확보”라고 적힌 띠를 이마에 두르고 모여들었다. 그중 몇 명의 손에는 해머가 들려 있었다.

해머로 운동장에 쌓여 있는 무선전화기를 박살내도록 지시하였다. 잠시 후 운동장 하늘은 기계가 박살날 때 나오는 소음으로 가득 찼다. 그날 삼성전자 직원들은 무려 15만 대의 휴대전화기와 무선전화기가 해머에 맞아 폐품으로 전락하는 모습을 지켜봐야 했다.

마침내 모든 제품이 박살나자 그 위로 휘발유가 뿌려졌고 이어 불을 붙였다. 그날 검은 연기로 변해 사라진 제품들은 대략 150억 원어치의 제품을 수거해 화형식을 했다. 그러나 화형식을 위해서 수거하는 비용과 각종 비용을 포함하면 500억 원가량 손해를 본 것과 같았다.

무선전화기 불량품 화형식을 지켜본 임직원들은 불량품 하나가 얼마나 큰 손해를 입히는가를 공감하게 되는 자리가 되었다. 임직원들은 더는 불량품을 만들면 안 된다는 마음을 갖게 하는 계기가 됐다.

이날 화형식은 질質 경영을 강조한 이건희 삼성 회장의 의지를 상징하는 사건이었다. 아무리 비싼 비용을 지불하더라도 꼭 질 좋은 제품을 만들겠다는 강한 의지는 임직원들의 마음에 명품을 만들어야겠다는 목표를 가지게 했다.

이후 무선전화기를 만들 때 불량률을 줄이고 성능을 높이려는 노력이 시작되었다. 그래서 설계 단계에서부터 대대적인 휴대전화 업그레이드 작업이 시작됐다. 공장에서는 불량률을 줄이기 위해서 노력 하였다. 그 결과 1994년 국내 4위였던 무선전화기 시장점유율이 이듬해 1위로 뛰어올랐다.

SAMSUNG

11 품질에 승부를 걸어라

삼성하면 최고의 품질을 생각나게 한다. 그뿐만 아니라 전국에서 가장 많은 애프터서비스 센터를 가지고 있어 소비자들은 자신이 구매한 물건에 문제가 생기면 바로 해결할 수 있기 때문에 삼성이란 브랜드를 높게 평가한다.

이처럼 삼성이 애프터서비스에 대한 신뢰도가 높아진 것은 하루아침에 이루어진 일이 아니다. 애프터서비스에 기업의 사활을 걸고 노력했기 때문이다. 삼성은 일류 기업이 되려면 하자가 생겼을 때 바로 이를 수리 · 해결하는 서비스가 필수라는 것을 알았다. 그래서 삼성은 서비스 인력 확충에 공을 들였다.

1990년대 당시에도 삼성은 다른 업체에 비해 비교적 많은 수리 인력을 확보하고 있었다. 생산 인력이 3만 명인 삼성전자는 수리 인력만 6,000명을 확보하고 있었다. 따라서 '삼성 제품은 고장이 나도 바로 수리할 수 있다'는 국내 고객들의 호평을 받았다.

이건희 회장은 오히려 이러한 구조에 문제를 제기했다.

"수리 인력이 생산 인력의 5분의 1에 달하는 시스템으로는 경쟁력을 갖출 수 없다. 애프터서비스를 확장하기보다는 고장 나지 않는 물건을 만드는 것이 좋다."

외국의 유명 제품들은 애프터서비스가 잘되어서 구매하는 것이 아니었다. 당시 국내 주부들에게 최고 인기였던 일본 '코끼리 밥솥'으로 알려진 일본 조지러쉬의 전기밥솥과 국내 젊은이들에게 최고의 인기였던 워크맨으로 대표되는 일본의 소니의 휴대용 카세트 플레이어는 국내에 애프터서비스 센터가 없어도 물건이 없어서 못 팔 정도로 팔려나갔다.

외국의 유명 제품들은 오히려 애프터서비스 센터가 없어서 하자가 생겨도 국내에서 정식으로 애프터서비스를 받을 수 없었다. 그럼에도 불구하고 소비자들이 외국의 유명 제품들을 구매하는 이유는 바로 고장이 나지 않는 물건이라는 인식 때문이었던 것이다.

이건희 회장은 이러한 시장을 정확히 읽어서 삼성이 외국의 유명 제품을 이기는 방법은 애프터서비스에 신경을 쓰기보다는 아예 고장 나지 않는 제품을 만들면 이길 수 있다는 것을 깨달았다. 고장이

나지 않는 제품을 만들면 수리 인력을 확충하지 않고 오히려 줄일 수 있기 때문에 수익이 증가할 수 있다는 생각이었다.

외국의 유명 제품들은 튼튼해서 어지간해서는 고장이 나지 않아 굳이 애프터서비스가 필요하지 않기 때문이었다. 이건희 회장은 이를 주목했다. 마침 국내 시장에서 이미 1위 자리에 오른 삼성도 외국의 유명 제품이 되기 위해서는 국외 시장으로 눈을 돌려야 했다. 그러나 문제는 국외에서는 국내처럼 애프터서비스를 제공하기에는 제약이 따랐다. 따라서 일본 등 선진국 수준으로 불량률을 줄이는 것과 함께 고장 나지 않는 물건을 만드는 것이 삼성의 성장에 필수 과제였다.

이건희 회장이 지시한 라인 스톱제는 단기적으로 삼성의 불량률을 줄여서 매출 향상에 영향을 미칠 수 있었다. 그러나 세계 유명 제품이 되기 위해서는 거기에서 멈추는 것이 아니라 고장 나지 않는 튼튼한 물건을 만드는 목표를 가졌기 때문에 이건희는 삼성의 기술 개발에 박차를 가하게 했다.

그래서 이건희 회장은 국내·외에서 최고의 기술을 가진 기술자들을 스카웃하고, 조금이라도 나은 기술을 가진 사람이 있으면 찾아가 자문을 얻었다. 이건희 회장의 이러한 부지런함과 정보 수집력은 점차 삼성의 제품들을 세계 최고의 제품으로 자리를 잡아가게 하였다.

TIP

이건희 회장의 라인 스톱제와 명품을 고수하는 경영 정책은 비용이 많이 들고 생산성이 떨어지기 때문에 삼성 비서실과 계열사 사장들은 만류하였다. 그러나 이건희는 현재처럼 해서는 삼성 제품이 국내에서는 최고가 될 수 있어도 외국에서는 절대 최고가 될 수 없다고 생각하였다. 그래서 그는 고장 나지 않는 제품을 만들기 위해서 최선을 다했다.

결국, 이건희 회장의 저돌적인 추진력은 삼성전자가 전 세계 TV 시장에서 1위를 차지하게 하였고, 휴대전화도 선두권을 유지하게 하였다. 메모리 반도체 · LCD 등 주요 부품 역시 1위 자리를 고수하고 있다. 다른 가전제품도 속속 국외 시장에서 세계 최고의 자리에 오르고 있다. 이러한 성과는 이건희 회장의 품질 향상에 대한 집념이 큰 역할을 했다.

12 이건희 신드롬

이건희 회장은 취임 후 초기엔 언론에 거의 등장하지 않았다. 6년간 대외적으론 침묵으로 일관했다. 그러다 1993년 어느 날 갑자기 화려하게 전면에 등장했다. 이건희 회장은 프랑크푸르트 선언으로 비롯된 삼성그룹의 개혁을 실현하기 위해서 전 세계를 다니면서 임직원들을 대상으로 회의를 하거나 강연을 하였다. 이러한 모습은 언론 기관에서도 중요하게 다루었으며 방송을 통해서 전국에 소개되었다.

이건희 회장이 말한 '마누라와 자식을 빼고 모두 바꿔 보자'는 말이 화두가 되고 유행어가 되면서 삼성그룹은 언론의 주목을 받기 시작했다. 이건희 회장의 프랑크푸르트 선언으로 비롯된 삼성그룹의 개혁은 재계뿐 아니라 사회 전 분야에 영향을 끼쳤다. 이로 인해

'이건희 신드롬' 이란 신조어까지 생겨났다.

일반 국민은 단순히 '운 좋은 재벌 2세 총수' 정도로밖에 인식하지 않았던 그를 다시 주목하기 시작했다. 그뿐만 아니라 삼성은 이건희 회장의 신경영 선언 이후 곳곳에서 변화가 시작됐다. 다른 기업들도 삼성을 따라 배우겠다는 생각으로 임원들을 데리고 해외로 나가 회의를 하기도 하고 임원들과 현장을 방문하기도 하였다. 심지어 정부의 각 부처 공무원들이나 정치인들까지도 삼성을 배우겠다고 삼성의 교육기관을 찾았다.

1993년 6월 9일, 이건희는 더욱 강도 높은 개혁 조치를 단행하였다. 제일제당 등 10개 계열사를 분리 또는 매각하고 제일모직을 삼성물산에 합병시키는 등 14개 계열사에 대한 정리 방안을 발표했다. 이건희의 개혁 조치들은 삼성그룹을 효율적으로 운영하기 위한 것이기보다는 자신만의 그룹으로 만들려는 것이라고 할 수 있었다.

이건희는 자신만의 그룹을 만들기 위해서 임원들을 대상으로 '21세기 최고경영자 과정' 을 개설해서 1차로 50명의 임원들을 용인의 그룹연수원에 입소시켰다. 이 프로그램은 임원 및 최고 경영자로서 안목을 넓힐 수 있도록 6개월 동안 업무에서 떠나 국내외 연수를 받도록 하는 제도였다.

이 연수의 특징은 연수를 받는 동안 이전에 가지고 있던 직책은 없어지기 때문에 교육을 받고 현장으로 돌아가기도 하지만 퇴직을 당하는 사람도 생겨났다. 그래서 임원들 사이에서의 연수는 구조 조정을 진행하려는 사전 조치라고 생각하였다.

이건희는 이어서 비서실의 15개 팀을 10개 팀으로 축소하고 비서실장의 권한을 대폭 축소하였다. 이후 비서실 해체 직전인 1998년에는 인사, 재무, 기획홍보, 비서, 경영관리 5개 팀에서 인원을 100명으로 감축하였다. 그리고 그 이듬해에는 아예 비서실 제도가 폐지되고 구조 조정본부로 명칭도 바뀌게 되었다.

또한, 당시 삼성의 실권을 쥐고 있는 임직원을 견제하기 위하여 이건희는 회장이 되면서 각 분야의 실력파 전문가들을 스카우트했었다. 그러나 이건희가 영입한 인재들 중 상당수가 삼성 공채파들에 의해 배타적인 태도와 모험을 이기지 못하고 삼성을 떠났다. 이런 배경에서 이건희 회장은 이른바 '잡종 강세론'을 주장했다. 공채파들만 가지고는 삼성이 지속적인 발전을 하기 어렵기 때문에 이질적인 인물들을 섞어 놓아서 서로 자극하고 경쟁하게 되면 조직의 전체적인 힘이 강해진다는 논리였다.

TIP

이건희는 자신이 회장으로 부임하여 받았던 수모와 어려움을 제2경영 시대를 맞아서 삼성의 미래를 위해 개혁을 펴나갔다. 이건희의 모든 개혁이 삼성을 변화시키지는 않았지만, 그의 시도는 지금까지 고정관념과 타성에 젖어 있던 삼성에 변화의 바람을 일으켰고 성공의 기회를 갖게 했던 것이다. 그뿐만 아니라 임직원들의 인식도 바뀌어 협력하면서 초일류 기업이 되는 원동력이 되었다.

13 삼성자동차에 도전하다

삼성이 점차 이건희 체제로 바뀌어 가면서 새로운 사업을 꿈꾸었다. 그것은 바로 자동차 사업이었다. 자동차 분야의 사업에 진출하는 데 있어 절대적으로 영향을 끼친 것 역시 이건희 회장의 의지와 열정 때문이다. 이건희 회장은 유학 시절부터 1년 반 동안 자동차를 6번이나 바꿀 정도로 굉장한 자동차 마니아였다. 그리고 삼성을 물려받은 황태자의 이미지를 불식시키고 자신의 사업 능력을 인정받기 위해서도 필요한 것이 자동차 사업이었다.

삼성이 자동차 사업 진출을 기획한 것은 1987년부터이다. 그러나 그때에는 당시 6월 민주주의를 요구하는 국민들의 항쟁으로 전두환 정권이 궁지에 몰리게 되어 개혁 성향의 학자들이 대거 헌법 및 법률 재정에 참여하면서 자동차 산업의 진입을 어렵게 했다. 거기다 정부는 중복 과잉 투자를 우려하는 뜻에서 반대했다.

1987년 이건희가 회장으로 취임하면서 비서실에 승용차 사업 진출 방안을 지시했고, 비서실에서는 승용차 사업 진출을 위한 태스크포스팀을 만들었다. 기존 자동차사 임원의 스카우트 작업도 벌였다. 상당수의 경영진이 자동차 시장의 공급 과잉이 예상되며 자동차 사업이 삼성의 기업 문화와 잘 맞지 않는다고 반대를 했지만 이건희는 강하게 밀어붙였다.

1991년 삼성이 반도체에서 엄청난 수익이 생기면서 자동차 사업을 본격적으로 추진하기 시작하였다. 그러나 정부에서는 재벌의 중복 투자를 막아 효율성을 높이기 위해 재벌의 업종별 전문화를 추진하여 서너 개 업종으로 그룹을 경영하도록 요구하였다. 여기에 자동차 업계는 자동차 산업 포화론을 들어 거세게 반발하여 거의 물 건너가는 듯했다. 그러나 삼성의 막강한 로비로 인해 1992년 7월 자동차 사업 진출을 허가받았다.

삼성이 부산을 택한 것은 삼성차를 허가받기 위한 전략 때문이었다. 삼성이 허가를 받을 수 있었던 것은 당시 김영삼 대통령이 부산을 거점으로 활동하였기 때문에 김영삼 대통령의 지역구인 부산에 자동차 공장을 세우면 지역 경제 발전에 도움이 된다고 하여 허가를 받게 되었다.

당시 부산 경제는 합판과 신발 사업이 모두 무너져 어려워져가고 있었다. 삼성은 이 점에 착안했다. 삼성은 삼성차가 허용돼야 부산 경제를 살릴 수 있다는 명분을 내세웠다. 부산 시민들과 각종 단체는 100만 명 서명운동을 벌이는 등 삼성을 위해 맹렬히 뛰어 주었다.

삼성은 1994년 4월 일본의 닛산Nissan과 기술 제휴 계약을 체결하고, 1995년 3월 28일 삼성자동차(주)를 출범시켰다. 그리고 1996년 10월 부산 신호리에 자동차 공장을 완공하였다. 부품은 1997년 4월 삼성전기가 부산시 녹산공단에 세운 공장에서 조달되었으며, 판매와 서비스는 삼성물산이 맡았다. 1998년 1월 SMSamsung Motors 브랜드를 단 1호차가 출시되었다. 첫 모델인 SM5는 성능과 승차감 면에서는 호평을 받았다. 삼성은 나름대로 자축하면서 2010년까지 연 150만 대 생산 규모의 세계적인 업체로 발돋움한다는 청사진을 제시하였다.

그러나 당시는 IMF가 막 시작되는 단계라 판매가 어려워졌다. 생산량 목표는 8만 대였지만 5만 대가 팔렸다. 이마저도 삼성 임직원에게 팔았다. 처음부터 과다 투자로 문제가 되었는데 엄청난 적자까지 보게 되어 삼성자동차는 생산 시작 첫해에 난관에 부딪히고 말았다. 삼성은 자동차를 생산할수록 적자가 발생하였다. 삼성자동차는 깊은 수렁에 빠졌다. 삼성은 살아남기 위해서 기아자동차를 인수하여 기아가 가진 생산력과 판매 능력을 가지고 싶었지만, 기아는 오히려 삼성에 팔리지 않기 위해서 공격적인 경영을 하게 된다. 삼성은 기아자동차 인수에 실패했지만 나중에 기아는 부도가 나서 현대자동차에서 인수당하는 비운을 맞게 된다.

결국, 삼성은 눈덩이처럼 불어나는 경영 손실을 더는 방치할 수 없었다. 1999년 6월 30일, 삼성자동차는 더 운영이 어려워지면서 부도 처리 후 법정관리를 받게 되었다. 삼성이 자동차 사업을 할 때 은행에 빚을 얻어 시작했는데, 투자한 돈이 무려 4조 3,000억 원이었다. 이건희 회장은 2조 8,000억 원 상당의 보유 주식으로 빚을 갚으며 결국 삼성자동차는 2004년 4월에 르노에 매각되고 말았다.

이건희 회장이 심혈을 기울여 추진해 왔던 삼성자동차는 그의 말처럼 전략의 실패로 인해 출범 4년여 만에 문을 닫게 되었다. 삼성그룹이 모든 역량을 결집해 만든 '역작'이 채 꽃을 피워보기도 전에 사그라지고 만 것이다.

TIP

삼성이 자동차 사업권을 어렵게 따내며 진출하다. 그러나 철저한 준비 없이 급하게 진입하였고, 무리하게 투자비를 많이 들였고, 사회적으로 IMF 외환위기를 겪으면서 적자는 점점 커지게 되었다.

결국, 르노에 매각되고 말아 초일류 기업을 지향해온 삼성으로서는 치욕적인 일이었다. 그러나 삼성의 자동차 사업의 진출은 실패했지만 멈추지 않고 도전하는 삼성의 개척자 정신은 높이 살만하다. 자동차 사업의 실패라는 교훈은 전자 분야에 더욱 집중하게 하는 시발점이 되기도 하였다.

따라서 실패를 두려워해 아무것도 하지 않았다면 삼성은 평범한 기업이 되었을 것이다. 끊임없이 도전하고 실패를 교훈 삼아 위기를 기회로 만들어 나가며 성공의 고지에 도달하는 삼성의 자세를 배워야 한다.

14 IMF와 삼성

한국이 고도성장을 실현할 수 있었던 동력은 바로 대외 지향적 수출주도 전략으로 전환한 것이었다. 한국 경제는 부존자원이 빈약하고, 자본도 부족하며, 기술 수준도 부진하기 때문에 풍부한 양질의 노동력을 이용하여 대외 지향적 경제정책을 수립하고 수출주도형 성장 전략을 추진해 왔다. 하지만 그 결과 세계 무역의 신장률이 둔화되었을 때 한국 무역이 받는 타격은 다른 나라보다 매우 컸다.

한국은 1997년 12월 3일 갑자기 외환이 부족해지면서 외환 위기 국가부도위기를 겪으며 국제통화기금에 자금 지원 양해 각서를 체결하게 된다. 이것을 IMF 구제금융 요청, IMF 경제 위기, IMF 외환 위기, IMF 시대, IMF 사태라고 부르기도 한다.

IMF의 원인은 태국에서 시작된 외환 위기가 주변 국가로 번져갔고 급기야 홍콩은 물론 대만까지도 그 위기가 번져가게 되었다. 이 위기는 홍콩, 대만 증시의 폭락이 가장 큰 원인이었다고 볼 수 있다. 당시 우리나라는 빚이 많았고 무역 적자를 기록하고 있었으며, 외화 보유액이 다른 나라에 비해 매우 적었는데 홍콩과 대만 금융시장이 충격을 받자 외국에서 달러를 회수해가기 시작했다. 결국, 외화가 부족했던 한국 금융시장은 견디지 못하고 한보그룹에서 시작된 대기업들의 연쇄 부도로 이어지고 말았다.

거기에 당시 재계 8위였던 기아그룹이 부도가 나면서 치명타를 입게 되었다. 기아그룹의 부도와 사태 수습 과정에서 보여준 노사와 정부 간의 지지부진한 대처는 S&P와 같은 국제 신용기관에서 우리나라의 신용등급을 깎아내리는데 결정적 역할을 하였다. 결국, 신용등급의 하락은 더욱 빠른 속도로 외국 투자자들이 빠져나가는 결과를 초래하며 한국은 IMF로 갈 수밖에 없게 되었다. 그래서 기아그룹의 부도가 IMF 위기의 최대 주범이었다고도 할 수 있다. 이렇게 내부적인 요인에 외부적인 요인이 겹치다 보니 한국만이 외환위기를 버텨내지 못하고 IMF로 가게 되었다.

IMF로 인하여 1999년 대우그룹의 해체, 삼성의 자동차 사업 진출, 현대전자의 LG반도체 인수와 같은 사건들이 터지게 되고, 많은 회사들의 부도 및 경영 위기로 한국 경제에 치명타를 입히게 되었다. 이와 함께 2003년에는 400만 명에 달하는 신용불량자가 양산되었고, 금융시장이 부실화되었으며 내수시장이 붕괴하게 되었다. 이 과정에서 대량 해고와 경기 악화로 인해 대한민국의 온 국민이 큰 어려움을 겪었다.

우리나라는 IMF를 극복하기 위해 '금 모으기 운동'도 하고, 우량 기업들의 주식을 헐값에 팔아넘기다 보니 증권시장의 40%가 외국인 손에 넘어가게 되었으며 증권, 부동산 할 것 없이 금융시장이 외국인들의 투기장으로 변모해 갔다.

국내의 대기업은 IMF로 위기를 맞았지만 삼성은 성장할 수 있는 기회가 되었다. 외환 위기 충격은 1993년에 한발 앞서 '신경영'으로 체질을 개선한 삼성에도 당황스럽긴 마찬가지였다. 이건희 회장은 외환 위기를 극복하기 위해 비장한 각오로 긴급회의를 열어 비상대책 기구인 '구조조정위원회'를 구성했다.

우선 이건희 회장은 자신의 사재 2,200억 원을 내놨다. 그리고 총비용 50% 감축, 임원 급여 10% 삭감, 조직 30% 축소 등의 구조조정 방안을 내놨다. 삼성은 소리 없이 구조 조정을 진행했다. 그 결과 삼성은 59개 계열사를 45개로 축소 조정했다. 삼성의 전체 직원은 종전 16만 7,000명에서 11만 3,000명으로 줄었다. 사실상 삼성 직원은 30% 이상 인력을 감원했다는 얘기다.

삼성은 인력과 함께 조직 축소도 병행했다. 삼성이 창립 이래 사업을 확장만 하다가 처음으로 사업 매각에 나선 것이다. 삼성중공업 건설기계 부문은 볼보에 매각됐고 지게차 사업은 클라크에 넘어갔다. 삼성물산의 유통 사업은 테스코에 팔렸고 한국휴렛팩커드 지분은 휴렛팩커드에 돌아갔다.

삼성전자의 파워디바이스전력 반도체 소자부문은 미국 페어차일드에 매각됐고 방산 사업은 프랑스 톰슨에 넘어갔다. 특히 삼성이 공을 들였던 자동차는 르노에 넘겼다. 이 회장의 숙원 사업이던 도곡동 '삼성 제2타운' 사업계획도 궤도 수정됐다. 그 결과 이 부지엔 주상복합 건물인 타워팰리스가 건설됐다.

일련의 사업 매각으로 확보한 자금은 13억 달러 가량이며, 여기에 자산 매각과 외자 도입을 통해 20억 달러 가량을 확보했다. 이를 활용해 삼성은 지난 2002년에 부채 비율을 초우량 기업 수준인 124%로 낮췄다.

이처럼 삼성은 이건희 회장의 위기 경영을 통해 4년여간 외환 위기를 극복하기 위해 피나는 노력을 했다. 삼성은 IMF 이후 조직 체질 개선에 나선 결과 삼성이 IMF 관리 체제를 조기에 졸업하는 결과를 가져왔다. 삼성은 외환 위기를 계기로 글로벌 기업으로서 세계 시장 지배력이 한층 강화됐다.

TIP

IMF는 내부적인 요인에 외부적인 요인이 겹치다 보니 한국 경제는 바닥으로 곤두박질쳤다. 모든 기업이 어려워하는 사이에 삼성은 이미 '신경영'으로 체질을 개선한 상태에서도 당황스럽긴 마찬가지였다. 하지만 이건희 회장은 외환 위기를 '위기경영'으로 IMF를 극복하였다. 그로 인해 국제통화기금IMF 관리체제를 조기에 졸업하는 결과를 가져왔다. 삼성은 오히려 IMF 전보다 엄청난 성장을 하면서 순이익이 증가하게 되었다.

삼성 고위 관계자들은 삼성이 외환 위기를 흔들림 없이 정공법을 통해 정면 돌파할 수 있었던 비결이 바로 이건희 회장이 평소 주장하는 '럭비 정신'이 그대로 작용했다고 말한다. 럭비는 이건희 회장이 권장하는 삼성의 3대 스포츠 중 하나로 '럭비 정신'은 어떤 상황에서도 물러서지 않는 도전정신과 투지를 말한다. 결국, 이건희 회장의 '럭비 정신'이 오늘날의 초일류 삼성을 만들었다고 할 수 있다.

SAMSUNG

15 기업은 2류, 행정은 3류, 정치는 4류

이건희 회장은 1995년 4월 10일 중국 출장을 나갔다. 삼성은 이전에 2000년까지 중국에 총 40억 달러를 투자해 100억 달러 규모의 매출과 70억 달러 규모의 현지 생산을 달성하고자 하는 계획을 세운 적이 있었다. 이건희 회장은 이 계획을 본격적으로 가동하기 위해서 직접 중국 출장을 나간 것이다.

한국에서 막대한 투자를 하겠다고 하니 중국의 장쩌민 중국 주석, 리펑 총리 등과 연속해서 회담을 가지게 되었다. 그리고 중국 출장에서 일정이 끝나갈 무렵, 중국 베이징 디아오위타이釣魚臺 국빈관에서 삼성의 이건희 회장과 국내 언론사 베이징 주재 특파원과 점심을 하면서 기자간담회가 열렸다. 이 자리에서 전날 장쩌민 중국 주석, 리펑 총리와 만나 어떤 이야기가 오고 갔는지에 대한 질문과 대답이 오고 갔다.

이건희 회장은 발언하는 도중에 "우리나라 정치는 4류, 관료와 행정 조직은 3류, 기업은 2류다."라는 요지의 발언을 하게 된다. 청와대는 이 발언을 놓고 긴박하게 움직이기 시작했고, 대화 내용의 진위를 파악하기 위해 한바탕 소동이 벌어졌다. 이것을 소위 이건희 회장의 '북경 발언'이라고 한다. 기자들과 가진 대화 내용의 골자는 다음과 같다.

"내가 회장이 되어 이렇게 많은 기자와 만난 것은 처음이다. 현재 우리나라의 정치와 관료 행정의 수준으로는 21세기를 준비한다고 볼 수 없다. 우리의 현 수준과 국제 수준을 비교해 보면 비판적이다. 우리나라 정치는 4류, 관료와 행정 조직은 3류, 기업은 2류 수준이다. 이 정권 들어 행정 규제가 풀린 것이 하나도 없다.

이 정부와 삼성은 밀월 관계에 있는 것이 아니라 적대 관계에 있다. 자동차 사업은 우리가 정부와 밀월 관계에서 따낸 것이 아니라 부산시민들이 정부에 불만을 터뜨리는 바람에 허가가 난 것이다.

중국 국가 주석은 반도체에 대해 깊은 관심을 보이는데 우리나라에서는 반도체 공장을 지으려 해도 허가가 안 나오고, 허가를 받으려면 도장 천 개는 찍어야 한다. 반도체는 우리나라에 꼭 필요한 것이지만 인허가 행정이 규제 일변도라 외국으로 나갈 수밖에 없다.

이대로 가다간 우리나라는 2류 국가 축에도 끼지 못할 것이다. 문제는 인허가권을 쥐고 규제를 가하는 관료들의 수준이 바뀌어야 한다."

이건희 회장의 발언은 삼성이 자동차 사업에 진출하는 과정이 매끄럽지 못했던 것을 암시하는 것이라고 할 수 있다. 김영삼 정부가 출범할 때만 해도 관계가 좋았지만, 삼성이 승용차 사업의 진출을 정부가 산업 정책 차원에서 보류하자 삼성은 노골적으로 불만을 표시했다.

결국, 이건희 회장의 간담회 내용은 기사화되어서 신문에 나오게 되었다. 이것을 본 정부의 당국자들은 불쾌할 수밖에 없었다. 이건희 회장의 간담회 내용으로 인해 국내는 시끄러웠다. 당연히 삼성에 대해서 정부로부터 어떤 불이익이 생길지 모른다는 불안감도 생겨났다.

이건희 회장은 4월 18일 중국을 떠나 한국으로 귀국했다. 공항에는 기자들이 구름 떼처럼 모여들어 이른바 '북경 발언'의 진상에 대해서 소감을 묻자 이건희 회장은 담담하게 말했다.

“국민의 한 사람으로서 사회 현상에 대해 그 정도는 얘기할 수 있는 것 아닙니까? 우리나라를 잘되게 하고 미래를 생각하는 마음에서 말한 것이지만, 표현이 미숙해서 본의 아니게 소란을 피워 국민에게 죄송하게 생각합니다.”

이건희 회장의 답변은 국민에게는 사죄의 뜻을 표했지만, 정부 측에는 아무 말도 하지 않았다. 그러나 이건희 회장의 ‘북경 발언’ 때문인지 이건희 회장은 곤욕을 치러야 했다.

이듬해 국세청이 나서서 한남동의 이건희 회장 자택 주변의 부동산을 대거 매입한 것에 관련해 조사를 했고, 삼성그룹에 대한 대출이 전면 중단되었으며, 여러 가지 사업에서 뜻하지 않게 무산되었다. 한마디로 말해서 정부에 미운털이 박히게 된 것이다.

TIP

이건희 회장은 삼성그룹을 운영하면서 정부와 밀착되어야 했다. 그래서 정부의 눈치를 봐야 하고 심지어는 뇌물을 가져다 바쳐야 사업을 할 수 있었던 적도 있었다. 그만큼 정부는 기업들을 마음대로 통제하고 억압할 수 있는 권력을 가지고 있었다. 그래서 대부분의 기업들은 눈치를 보면서 회사를 운영했다. 그러나 이건희 회장은 자신의 신념과 소신을 지키며 어떤 위협이나 압력이 있어도 굽히지 않고 자신의 의견을 밝혔다.

이건희 회장은 '북경 발언'으로 많은 것을 잃게 되지만, 정부나 다른 기업의 회장들은 이건희 회장이 만만한 사람이 아니란 것을 알게 하는 계기가 되었다.

16 복합화 경영의 산물 타워팰리스

이건희 회장은 '복합화' 하는 것을 좋아했다. 이건희 회장은 삼성 그룹의 기본적인 경영 철학으로 '복합화' 라는 개념을 사용하고 있을 정도로 삼성의 모든 제품에 복합을 적용하려고 하였다. 복합화라는 것은 서로 연관성이 있는 인프라, 시설, 기능, 기술, 소프트웨어등을 효과적으로 결합하여 유기적인 상승 효과를 내도록 하여 경쟁력과 효율을 극대화하자는 개념이다.

이미 삼성은 제품 생산에 '복합화' 를 적용해 콤보 DVD, 카메라폰, 공기청정기가 내장된 에어컨, 디지털카메라가 내장된 캠코더 등 복합 상품들이 시장을 휩쓸고 있다. 복합화는 제품의 질 제고는 물론 비용 절감, 물류 비용 감소, 교통 체증 해소, 경영 스피드 제고, 임직원 유대감 향상 등 1석 5조의 효과를 가져왔다.

이건희 회장의 복합화 개념은 단순히 전자 제품에만 국한된 것이 아니라 복합화 빌딩에 이르기까지 거의 모든 분야에서 적용하려고 했다. 이회장의 '복합화 경영 철학'은 1993년 LA, 프랑크푸르트, 오사카, 런던, 도쿄 등에서 석 달여에 걸쳐 일련의 국외 간담회에서 계속 강조됐다. 이건희는 간담회 때마다 말했다.

"빌딩을 옆으로 넓히지 말고 위로 높이자. 좁은 국토를 효율적으로 이용해야 한다. 한 곳에 모든 임직원이 모여 산다면 40초 만에 모일 수 있다. 이게 바로 경쟁력이다. 물류 비용이 줄고 경영 스피드가 제고된다. 교통 체증도 없어진다. 이게 바로 복합화다."

1993년 7월, 일본에서 도쿄 회의를 주재하면서 이건희는 다음과 같이 말했다.

"복합은 2개 이상이 함께 있는 것인데, 복합화 경영 철학은 서로 다른 여러 가지를 함께 끌어모아 시너지 효과를 본다는 것 같습니다. 주거용 아파트와 각종 생활 편의시설 등이 함께 있는 주상복합 건물이라든지, 후쿠오카 돔처럼 야구장에다 공연 시설, 판매 시설 등이 합쳐진 건물 같은 것이 복합 건물이죠."

이건희는 비서실에 말해 임원들에게 우선 일본의 복합화 시설들을 견학하도록 지시하였다. 갑자기 삼성의 관리본부장 20명은 일본을 배우기 위해 26박 27일 일정으로 일본을 다녀오게 된다. 관리본부장들은 후쿠오카 돔, 최신식 인텔리전트 빌딩인 NEC 본사, 규슈 지역 호텔과 미야자키 현에 소재한 복합 휴양지 시가이아 등 10여 개 복합 시설물을 견학하였다.

이로부터 삼성의 시설이나 단지, 제품에 있어서의 복합화가 지속적으로 추진되었다. 이건희 회장은 오랫동안 비즈니스 복합 단지 건설의 꿈을 갖고 있었다. 그래서 비서실에 고품격의 세계적인 복합 단지를 만들라고 지시를 했다.

비서실의 신경영 추진팀은 바로 부지 물색에 들어갔다. 이건희 회장의 복합화 철학을 실현하기 위해서는 2만 평 정도의 나대지가 있어야 하는데 그 정도 규모를 서울에서 찾는 것은 쉽지 않았다. 마침 도곡동의 경찰기동대 훈련장을 서울시가 지하철 건설 재원을 마련하기 위해 상업용지로 변경한 뒤 매각에 나섰다. 삼성은 바로 땅을 매입해서 여기에 '도곡 시너지 파크'를 건립하려는 계획안을 구상했다. 이후 계획안이 일부 수정되어 11월에는 102층짜리 사옥을 짓겠다는 발표를 하였다. 이건희 회장은 태평로 본사 건물은 금융 복합 단지로, 서초동에는 패션 복합 단지, 그리고 도곡동에는 IT 복합 단지를 만들겠다는 계획을 가지고 있었다.

그러나 인근 주민의 일조권, 조망권 침해, 교통 문제 유발로 연일 반대시위를 벌이고 민원을 제기해 결국 사옥 건립은 무산되었다. 거기다 IMF 위기가 오면서 현금이 필요했던 삼성은 이 땅을 매각하려고도 했었다.

그러나 이건희는 매각을 반대하고 전체 부지를 복합하는 주상 복합 건물로 개발해서 분양하라고 지시했다. 마침 정부는 1997년 IMF로 경기 부양 차원에서 「주택건설촉진법」을 개정해 주거 비율을 90%까지 높일 수 있게 하였다.

이에 삼성의 경영진은 당시로서는 최고층이었던 40층짜리 아파트를 지을 계획이었으나, 이건희 회장이 "최고의 사람들이 모이는 최고의 아파트를 최고의 높이로 지으라"고 주문했다. 결국, 타워팰리스는 국내 최고 높이였던 63빌딩보다 10m가 높도록 설계, 66층 높이로 쌓아올렸다. 2000년 3차 타워팰리스의 건축허가 층수가 기존의 35층에서 69층으로 대폭 늘어났다.

시행사는 삼성물산(주) · 삼성전자(주) · 삼성SDI(주)로 정해서 1999년 6월에 착공해 2002년 10월에 완공하였고, 같은 달 25일부터 입주를 시작하였다.

타워팰리스는 주거용 오피스텔 202세대를 포함해 아파트는 총

1,361세대이다. 또 각 동과 층별로 연계되어 있는 상업시설상가동, 3,709대를 주차할 수 있는 주차장 시설을 갖추었다.

아파트 규모는 33평형부터 50 · 57 · 69 · 73 · 93 · 102평형 등 다양하다. 각 동의 중간층에는 연회장 · 게스트룸 · 체육시설 · 옥외 정원이 있고, 각 동 2층은 독서실 · 주민 취미실 · 유아 놀이방 등으로 꾸며져 있다. 상가동 3층에는 수영장 · 골프 연습장 · 샤워장 등 주민 전용 체육시설이 있다. 리히터 지진규모 6.0에 견딜 수 있도록 설계하였고, 전체 부지의 73%가 정원과 주민 공간으로 조성되었다.

타워팰리스는 이건희 회장의 경영 이념인 '복합화'와 '일류' 정신이 합쳐진 작품이라고 할 수 있다. 타워팰리스는 국내 최고의 시설과 마감재를 사용한 초호화 주거 공간으로, 한국 최초의 초고층 주상복합 아파트가 되었다. 그러나 입주 당시부터 도시 교통 문제 · 환경 문제, 주변 지역 주택 가격 상승, 강남 지역 부동산 투기, 배타적 공동체 문화 형성 등 부작용 논란도 끊이지 않았다.

그러나 이건희 회장의 최고에 대한 도전은 여기서 멈추지 않고 본사 사옥을 짓겠다는 목표를 세운 후 10년 만에 서초동 삼성타운을 만들었다.

17 X파일의 충격

2005년 7월 22일, MBC 방송국의 이상호 기자가 이른바 안기부 X파일의 녹음 내용을 보도했다.

95분 분량의 이 테이프에는 1997년 대선 당시 이학수 삼성 구조조정 본부장과 중앙일보 홍석현 사장이 만나 특정 후보에게 불법적으로 대선 자금을 지원하기로 공모하는 대화가 담겨 있는 것으로 알려졌다. 그리고 이 테이프로 대화 내용을 녹음한 것은 안기부 지금의 국가정보원의 비밀 조직인 '미림팀'이었던 것으로 알려졌다.

이 미림팀은 1991년 7월 안기부 내에 새로 편성되어 활동하다가 1993년 7월 해체되었는데, 문민정부가 들어선 1994년 6월부터 1997년 11월까지 재구성되어 활동하면서 정계, 관계, 재계, 언론계 인사들에 대한 도청 임무를 주로 수행해 왔다. 미림팀은 도청을 통해 녹음테이프를 만들어 보관해 왔는데, 김대중 정부 들어 미림팀이 해체되고 관련자들이 직권 면직된 뒤 불법 도청된 테이프를 빼돌려 기업에 사업 지원을 받아내자는 속셈으로 반출한 것으로 알려져 있다.

대화 내용에는 당시 대선 후보인 한나라당 이회창 후보에게 수백억 원대의 불법 정치자금을 제공하고, 심지어 광고비도 지원하자는 내용과 고위급 검찰 간부들에게 명절 때마다 '떡값' 명목으로 500~1,000만 원의 금품을 제공하며, 검찰 소속 인사들을 관리한다는 사실을 구체적으로 암시하는 내용도 들어 있었다. 또한, 삼성그룹이 기아자동차를 고의로 부도내 삼성그룹으로 끌어들이려는 계획을 논의하는 내용도 들어 있었다.

그러나 검찰은 자료 자체가 불법 도청에 의해 작성된 것이라서 증거 능력이 없으며 또 공소시효가 만료되었기 때문에 수사를 하지 않았다. 오히려 X파일 전문을 보도한 이상호 기자와 월간 조선의 김연광 기자를 통신「비밀보호법」위반 혐의로 기소하고 이건희, 이학수, 홍석현 모두 무혐의 처리했다.

그러나 이재용에게 에버랜드를 편법으로 증여한 것이 검찰에 고발되어 삼성과 이건희는 곤욕을 치러야 했다. 2006년 2월 7일, 삼성은 기자간담회를 열고 다음과 같이 발표했다.

"이건희 회장이 1996년에 자녀가 취득한 에버랜드 전환사채 등의 증여와 안기부 X파일 문제 등으로 사회적 논란을 일으켜 심려를 끼친 데 대해 국민께 깊이 사죄하고, 사회기금 8,000억 원을 헌납하기로 했다."

국민의 불만과 삼성에 대한 나쁜 인식을 바꾸기 위한 삼성의 시도였다. 그러나 문제는 여기서 끝나지 않았다.

2007년 10월 29일, 서울 동대문구 제기동 성당에서 천주교 정의구현 사제단이 기자회견을 열었다. 정의구현 사제단은 삼성그룹 구조조정본부에서 법무팀장을 지냈던 김용철 변호사가 양심 선언을 한다고 밝히며, 삼성이 전직 구조조정본부 간부 명의의 차명계좌를 이용해 거액의 비자금을 조성해 왔고, 2002년 대선 자금도 비자금에서 제공했으며, 전·현직 검찰 주요 간부들에게 떡값을 주었다고 주장했다.

11월 5일에는 김용철 변호사가 직접 나서서 양심 고백과 기자회견을 하며 에버랜드 불법 증여의 증거를 제시했다. 그러나 삼성은 사실을 부인하는 반박 자료를 발표하였다.

11월 6일, 참여연대와 민주사회를 위한 변호사 모임은 이건희 회장과 이학수 부회장, 김인주 사장 등을 대검찰청에 고발하며 대 삼성전에 뛰어들었다.

2008년 1월 10일, 삼성 특별검사팀이 출범하고 이건희 회장 집무실과 핵심 간부 7명의 자택을 압수 수색했다. 그리고 21일에는 용인 에버랜드 미술품 창고를 압수 수색해서 값비싼 미술품을 무더기로 발견하기도 했다.

특검은 4월 17일 99일 동안의 수사결과를 발표했다. 그동안 4조 5,000억 원의 차명 재산을 밝혀냈으나 정·관계 로비 의혹은 무혐의 처리를 했고, 경영권 불법 승계 의혹에 대해서만 불구속 수사를 하겠다고 발표했다.

결국, 이건희 회장은 스스로 경영 일선에서 물러나겠다고 발표했다.

2009년 8월 14일, 이건희 회장은 조세포탈 혐의만 유죄로 인정받아서 징역 3년, 집행유예 5년, 벌금 1,100억 원을 선고받았다.

18 후계자 이재용

이재용 삼성전자 부회장

이건희의 장남 이재용은 1968년 6월 23일 태어났다. 경복고등학교를 거쳐서 서울대학교 동양사학과를 졸업할 정도로 공부도 잘했다. 주변 사람들은 그를 쾌활하며 매사에 적극적이고 모범적인 학생이었다고 평가할 정도로 전형적인 모범생으로 자랐다.

대학을 졸업하고는 일본 전문가였던 아버지의 권유에 따라 일본의 게이오대학교 경영대학원에 진학했다. 그리고 1995년에는 MBA를 취득한 다음, 미국 하버드대학교 케네디스쿨로 유학을 하고 거기서 비즈니스 스쿨로 옮겨 컴퓨터 분야를 공부했다. 미국에서 5년 동안 공부하며 박사과정을 수료했다.

1995년 이건희는 일본에서 유학 중이던 이재용에게 61억 원을 증여했다. 이재용은 세금 16억을 뺀 45억 원으로 삼성 계열사의 주식을 싸게 사서 바싸게 파는 방식으로 2년이 채 안 되는 기간에 536억 원으로 불렸다. 이 돈으로 삼성 계열사의 에버랜드의 신주인수권을 싸게 매입하고 에버랜드의 최대 주주가 되었다.

1988년 30세 미국 유학생 이재용은 아홉 살 연하의 연세대학교 재학생이었던 임세령과 결혼을 했다. 임세령은 삼성의 라이벌이었던 조미료 미원을 만들던 대상그룹의 딸이었다. 이병철 회장이 미원을 이기기 위해서 제일제당에서는 미풍을 만들어서 시장에 내놓았지만 미원을 이기지 못했다. 당시 시장 점유율은 미원이 70%, 미풍이 30%였다. 결혼 때부터 라이벌이었던 두 가문의 결합을 놓고 많은 사람들이 화해를 했다는 감동적인 이야기로 받아들였다. 그러나 세간의 관심을 모은 결혼은 애석하게도 결혼 11년 만에 합의로 이혼 하게 되었다.

같은 해 12월에는 이재용이 최대 주주로 있는 에버랜드가 삼성생명 주식 344만 주를 매입하게 됨에 따라 26%의 지분을 갖게 되었다. 삼성생명은 삼성전자의 지배주주고, 삼성전자는 삼성카드의 지배주주이다. 이로써 이재용은 에버랜드, 삼성생명, 삼성전자, 삼성카드로 이어지는 지배 구조를 만들어 나갔다. 이것으로 법률적인 승계 작업이 끝났다.

그러나 이재용이 수많은 재산을 받았으면서도 증여세로 낸 것은 16억 원뿐이었다. 이러한 사실을 2006년 6월 곽노현 전 방송통신대 교수 등 법학교수 43명이 편법으로 증여했다고 검찰에 고발하면서 문제가 되기 시작했다. 이 문제는 2009년까지 길고 지루한 법정 공방이 이루어졌지만 거의 무혐의로 끝났다.

이건희의 첫째 딸 부진은 대원외고와 연세대 아동학과를 졸업하고 1995년에 삼성복지재단에 입사했다. 1999년에 계열사의 평범한 사원이던 임우재와 결혼을 한 후 2001년에 신라호텔 기획팀 부장을 거쳐 2005년에는 경영전략 담당 상무로 승진하였다.

둘째 딸 서현은 미국 파슨스 디자인스쿨을 졸업한 뒤에 제일모직 패션연구소 부장으로 입사하여, 2005년 제일모직 패션 부문 기획 담당 상무로 승진했다. 2000년 동아일보 사주 김병관의 차남인 김재열과 결혼하였다.

2000년 귀국한 재용은 e삼성을 비롯한 14개의 인터넷 회사를 설립해서 대주주로서 인터넷 사업을 시작했다. 이재용의 사업은 그룹 차원에서 전폭적인 지원이 있었다. 그러나 1년 뒤 벤처 거품이 꺼지면서 인터넷 사업체들은 급격히 부실화되었다. 결국, 삼성에서는 이재용이 운영하던 인터넷 회사들의 지분을 사들여 부도를 막아 주었다.

2003년에는 이재용을 삼성전자 상무에서 전무로 승진시켰다. 그리고 이건희 회장은 이재용에게 최고 고객 총괄책임자 역할을 맡기면서 현장 중시형 경영자가 되라고 주문하였다. 그러나 2005년 10월, 참여연대는 기자회견을 열어 이재용의 인터넷 사업을 인수해서 삼성 계열사들은 380억 원의 손실을 입혔다며 업무상 배임 혐의로 이재용을 검찰에 고발하였다.

이재용의 어린 시절, 할아버지 이병철, 여동생 이부진과 함께

아들의 실패를 바라보는 이건희는 마음이 무거웠을 것이다. 사업에 실패한 것보다는 아들이 삼성의 임직원들에게 경영 능력을 보여주지 못한 것이 안타까웠던 것이다. 그래서 이건희 회장은 아들에게 경영권을 쉽게 물려주지 못했다. 그러나 주변의 삼성에 대한 반대와 이건희 회장의 건강 때문이라도 하루빨리 아들 이재용을 후계자로 만들고 싶었다.

2010년 삼성그룹은 이재용을 삼성전자 사장으로 승진시켜 최고운영책임자CEO 역할을 주었다. 2012년에는 삼성전자 부회장으로 승진시켰다. 이로써 최고 경영진 위치에서 폭넓게 전자 사업부를 챙길 것으로 전망된다.

19 평창동계올림픽의 성공 유치

동계올림픽은 1924년 이후 4년마다 개최되고 있는 스포츠 제전을 말한다. 겨울철 경기가 올림픽대회에 추가된 것은 제4회 대회 1908년, 런던의 피겨스케이팅이 처음이었다. 이후 1921년의 국제올림픽위원회IOC 회의에서는 본격적인 동계대회를 개최하자는 제안이 있었다. 북유럽 3개국의 반대가 있었지만 결국 IOC의 공식 승인이 나서 시험적으로 프랑스에서 열기로 하였다. 그래서 1924년 프랑스 샤모니에서 최초의 동계올림픽이 개최되었고, 이후 4년마다 열리고 있다.

한편 우리나라는 동계올림픽 개최지가 되기 위해 전북 무주와 강원도 평창을 각각 2010년 동계올림픽 개최지로 추진해 왔으나 2002년 강원도 평창을 동계올림픽 개최 후보 도시로 최종 결정하였다. 이에 따라 평창이 동계올림픽 유치를 위해 힘썼으나 2003년 7월 IOC총회 최종 투표에서 캐나다 밴쿠버에 3표 차로 밀려 올림픽 유치에 실패했다.

이후 2014년 동계올림픽 유치에도 도전했으나 2차 투표에서 러시아 소치에 4표 차로 밀려 유치에 실패했다. 2번의 실패를 맛본 평창에서는 3번째 도전을 위해서 2018년에 평창동계올림픽의 성공 유치를 위한 유치위원회가 가동되었다.

2018년 동계올림픽 유치 신청 도시가 한국 평창, 독일 뮌헨, 프랑스 안시 등 3개 도시로 압축된 가운데, 이들 국가들은 투표권을 가지고 있는 IOC 위원들을 대상으로 로비를 펼쳤다.

2010년과 2014년 동계올림픽 유치 과정에서 1차 투표에서 1위를 하고도 결선 투표에서 연달아 고배苦杯를 마신 이유는 IOC 위원이 이건희 회장 한 명밖에는 없었기 때문이었다. 그러다 태권도 선수인 문대성이 2008년에 IOC 선수위원에 선출되었다. 그러나 2009년에 이건희 회장은 배임과 조세포탈 혐의로 징역 3년, 집행유예 5년, 벌금 1,100억 원을 선고받게 되어 결국 IOC 위원의 자격이 정지되었다.

다급해진 체육계와 강원도 주민은 평창동계올림픽 유치를 위해 이건희 회장의 사면을 건의했다. 이외에도 국내 최대 기업의 오너에 대한 사면이 국가 경제 전반에 긍정적 효과를 가져올 것이라는 경제계의 요청으로 정부는 이건희 회장을 단독 특별사면 및 복권하는 결정을 내렸다.

하지만 이건희 회장을 단독 특별사면 및 복권하는 결정에 대해 국민적 합의가 덜 이루어진 상태에서 정부의 독단적인 결정에 따라 이뤄졌다는 비난이 쏟아졌으며, 사회 각계각층에서는 이 문제에 대한 갑론을박이 이뤄졌다.

이건희 회장은 IOC 위원으로 각국 IOC 위원들 사이에 덕망이 높고, 지난 두 차례 평창동계올림픽 유치 활동을 통해 다양한 인맥과 친분을 쌓았기 때문에 스포츠 외교를 펼치는 데 절실히 필요하였다.

드디어 7월 7일, 남아공 더반 국제컨벤션센터에서 열린 2018년 동계올림픽 개최지 선정에서 평창, 독일 뮌헨, 프랑스 안시를 두고 결전을 벌였다. 모든 준비가 완벽했던 평창이 투표에서도 압도적인 표차로 가볍게 과반수 득표에 성공했다. 이로써 평창은 지난 두 번의 실패를 극복하고 동계올림픽을 유치하게 되는 영광을 누렸다.

이건희 회장은 평창동계올림픽이 유치된 후 서울 신라호텔 영빈관에서 국제올림픽위원회IOC 2018년 평창동계올림픽 조정위원회 위원들을 초청해 만찬을 함께 했다. 이건희 회장과 참석자들은 이 자리에서 2018년 평창 동계올림픽의 성공적인 개최와 동계 스포츠의 발전 방향에 대해 의견을 나눴다.

이건희 회장이 자리에서 IOC 조정위원들에게 "한국에서 처음 열리는 동계올림픽에 많은 관심을 가지고 지원해 달라"고 당부했다.

2018년 동계올림픽 개최지로 평창이 선정되는 순간

20 삼성, 놀랍게 발전하다

이건희 회장이 공식 취임한 지 25년 만에 삼성은 초일류 기업이 되었다. 이건희 회장의 미래를 꿰뚫어보는 예지 경영으로 삼성은 세계 일류 기업으로 성장했고, 그에 힘입어 한국 경제도 세계 선두 그룹으로 올라섰다.

그동안 삼성은 글로벌 톱 수준의 품질을 구축하기 위해 뼈를 깎는 구조 조정이 단행됐고 품질 혁신이 본격 추진됐다. 이를 통해 삼성전자의 세계 1위 품목으로는 컬러 TVLCD TV 포함, 스마트폰, 모니터, D램 반도체, 낸드플래시, S램, 디스플레이구동칩DDI, 스마트카드, 미디어플레이어용 집적회로IC, 모니터용 액정 표시장치LCD, TV용 LCD, 모바일폰용 시모스이미지센서CIS, 대형 정보표시장치LFD, 와이브로휴대 인터넷 등이 대표적이다. 더불어 삼성전자는 노트북

PC, 생활가전 등 20여 개 제품에서 세계 시장 점유율 1위를 차지했다. 브랜드 가치는 2007년 169억 달러로 세계 21위를 기록했으며, 2012년에는 329억 달러로 9위에 올랐다.

삼성은 2005년에는 브랜드 가치에서 난공불락으로 여겼던 일본의 소니를 앞지르고, 2006년에는 세계 TV 시장에서 소니를 추월해 1위를 차지했다. 2011년에는 일본 전자 기업 전체 영업 이익을 합친 것보다 많은 영업 이익을 달성했다.

SAMSUNG

21 삼성의 매출액 추이

이건희 회장이 취임하던 지난 1987년 당시만 해도 삼성은 '국내기업'에 불과했다. 당시 삼성의 매출은 9조 9,000억 원 정도였다. 수출은 63억 달러, 임직원은 10만 명, 시가총액은 1조 원이었다. 당시 삼성은 국내에선 유수의 기업이었지만, 외국에서는 무명에 가까워 브랜드 평가 대상에조차 포함되지 않았다.

그러나 25년이 지난 2012년 삼성은 연간 매출 384조 원을 달성하는 글로벌 기업으로 성장했다. 25년 사이 무려 39배나 성장한 것이다. 이는 필리핀의 국내총생산GDP과 비슷한 수준이다.

시가총액은 303조 원으로 늘어나 303배나 늘었다. 임직원 수는 같은 기간 4배 증가한 42만여 명으로 집계됐다. 삼성의 자산은 올해 435조 원에 달하고, 영업이익은 20조 원을 웃돌 전망이다.

삼성의 대표 기업인 삼성전자는 2007년 포춘지 선정 세계에서 가장 존경받는 기업 34위전자 부문 4위, 비즈니스위크 선정 2007년 가장 혁신적인 기업 17위, 포브스 선정 2007년 '세계 2,000대 기업' 순위 63위에 오르는 등 글로벌 일류 기업으로 성장했다.

2012년 말 기준으로 삼성이 국가 경제에서 차지하는 매출 비중은 국내총생산GDP의 33%, 시가총액은 상장사 전체 시가총액의 30%, 수출은 한국 전체 수출의 23%를 차지했다.

이 같은 성과는 이건희 회장이 취임 초부터 인재와 기술을 바탕으로 '혁신 경영' 을 지속적으로 펼쳐온 결과란 분석이다.

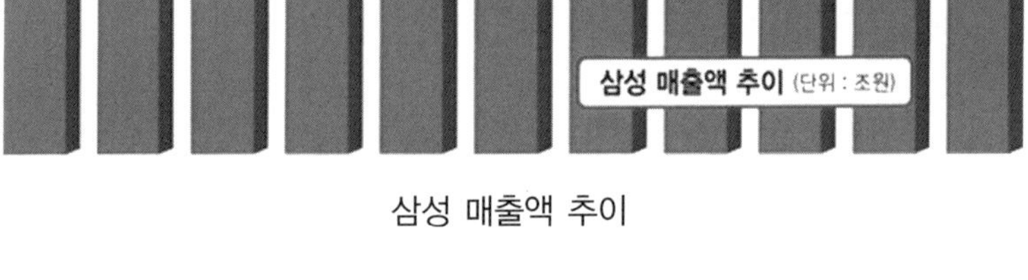

삼성 매출액 추이

03 이건희의 위대한 리더십

SAMSUNG

이건희의 위대한 리더십

리더십이란 집단의 목표나 성과를 위하여 자발적으로 집단 활동에 참여하여 이를 달성하도록 유도하는 능력, 즉 한 개인이 다른 사람을 목표를 향해 정진하도록 영향력을 행사하는 것을 말한다. 따라서 오늘날 사회라는 조직 속에서 리더십은 필수 요소다.

언론에서는 삼성전자의 성공 요인으로 여러 가지 요인을 말하고 있는데, 그중에서 가장 중요한 것은 이건희 회장의 리더십을 꼽고 있다.

오늘날 삼성의 성장에는 이건희 회장의 강력한 리더십이 있었음을 누구도 부인하지 못할 것이다. 1993년 '자식과 마누라만 빼고 다 바꾸자!' 라며 제2의 창업을 주도하면서 이건희 신드롬을 일으킨 이래 10년간은 삼성이 새롭게 거듭나는 기간이었다. 제2의 창업이 자리를 잡으면서 성과는 가시적으로 드러났다.

오늘날 삼성을 세계 초일류 기업으로 키워낸 데에는 이건희 회장이 남들과 다른 탁월한 리더십을 가지고 있었기 때문이다.

이건희 회장은 선천적으로는 아버지의 영향을 받았지만, 대기업을 물려받으면서도 거기서 멈춘 것이 아니라 후천적인 노력으로 오늘날의 삼성을 만든 것이다.

이건희는 세계 최고가 되어야겠다는 꿈을 실천하기 위해서 노력하다 보니 삼성을 세계 최고의 회사로 성장시켰다.

이제 이건희는 세계 최고의 경제 대통령이 되어 우리나라 사람들에게 희망과 꿈의 미래를 이끌려고 한다.

이건희와 같은 리더십을 가지고 싶은가? 그러면 그의 리더십을 따라 해보자.

01 미래를 예측하라

대한상공회의소가 일반 국민, 경영학과 교수, 현직 CEO 등 모두 500명을 대상으로 '기업가 정신 실태 및 존경받는 기업인'에 대한 설문조사를 실시한 결과 우리나라 기업인 중 창의와 혁신, 미래예측력이 가장 탁월한 기업인으로 이건희 회장(43.9%)이 선정됐다. 두 번째로는 안철수연구소의 안철수 대표(12.1%)이 선정돼 눈길을 끌었으며, 현대의 고 정주영 회장(7.4%), LG의 구본무 회장(7.4%) 등이 이 분야에 뛰어난 능력을 갖춘 것으로 평가됐다.

오늘날의 삼성을 만든 것은 이건희 회장의 미래를 예측하는 능력이 탁월했기 때문이라고 한다. 이건희 회장이 미래를 예측하는 능력을 갖게 된 것은 그칠 줄 모르는 지식 탐구와 깊은 사색에서 비롯된다. 이건희는 매달 엄청난 양의 책과 잡지를 읽고, 또 틈만 나면 비디오를 시청한다. 그는 정치·경제·사회 문화 등 다양한 분야의 책들을 모아놓고 읽는데, 처음부터 끝까지 읽는 책만 한 달에 20권 정도이다.

잡지의 경우는 시사·경제에서부터 문화예술에 이르기까지 국내외 잡지 50종 정도를 구독한다. 그리고 자택 지하실에는 열다섯 개의 VTR을 설치해 놓고 매일 뉴스, 과학 다큐멘터리, 세계 여러 나라의 프로그램이 녹화된 비디오테이프를 시청한다. 이렇게 매일 접하는 엄청난 양의 정보는 사색을 위한 풍부한 재료가 된다.

일본에 두 번째 유학을 갔을 때 이건희 회장은 일본 역사에 대한 책을 즐겨 읽었으며, 일본 역사를 기록한 45개짜리 비디오테이프를 수십 번씩 보았다. 일본에 대한 깊은 연구로 인해 지금까지 삼성 그룹 내에서 일본어나 일본에 대해서 이건희 회장보다 잘 알고 있는 사람이 없을 정도로 많은 지식을 가지고 있다.

이러한 폭넓고 다양한 지식들은 미래를 정확하게 예측하는 데 중요한 판단 자료가 되고 더 깊은 식견과 해박한 지식을 갖게 된다고 할 수 있다.

이건희 회장의 미래를 예측하는 능력은 어려서부터 남달랐는데 그의 미래에 대한 생각이 나타난 유명한 일화가 있다.

정무1장관을 지낸 홍사덕의 의원과 이건희 회장은 서울사대부속 고등학교의 동기 동창이었다. 이건희 회장이 와세다대학 재학 중 방학을 맞이해서 잠시 귀국했을 때 홍사덕 의원과 만나 드라이브를 하다가 제2한강교양화대교를 지나간 적이 있다.

홍사덕 위원은 다리를 가리키며 말했다.

"이게 우리 기술로 만든 다리다. 대단하재?"

이건희 회장은 친구인 홍사덕 의원에게 이렇게 말했다.

"친구야, 생각 좀 하면서 세상을 봐라. 한강은 장차 통일되면 화물선이 다닐 강이다. 다리 한복판 교각은 좀 길게 잡았어야 할 것 아이가?"

전 문화부장관이었던 이어령 박사는 이건희 회장과의 교류 소감을 다음과 같이 기술하기도 했다.

"이건희 회장과 나눈 대화 속에서 이건희 회장의 21세기 문명에 대한 날카로운 통찰력과 미래에 대한 확고한 인식에 대해 찬탄을 하지 않을 수 없었다. 이러한 시각은 책에서만 얻은 것이 아니라 세계를 무대로 한 폭넓은 기업 현장 속에서 직접 얻고 닦은 것이기 때문이다. 더구나 내가 열 마디 할 때 이건희 회장은 한마디를 하지만, 그 한마디가 내 열 마디를 누른다."

이어령 박사는 자신은 많은 공부를 통해서 해박한 지식을 가지고 있는 것으로 유명하지만, 이건희 회장은 독서뿐만 아니라 다양한 현장 경험까지 갖추어 자신보다 세상을 보는 눈이 더 정확하다고 인정하였다.

이건희 회장이 어느 잡지와의 인터뷰 중 기자가 갑자기 10년 뒤 삼성의 모습은 어떠할 것 같으냐는 질문을 던진 적이 있다. 이건희 회장은 머뭇거림 없이 10년 후 삼성의 모습을 그려냈다.

"10년 후 삼성은 사업 구조나 경영 구조에서 지금과는 상당히 다른 모습으로 변해 있을 것이다. 욕심이 좀 지나치다고 할지 모르겠지만, 삼성은 전자 · 금융 · 서비스 사업을 중심으로 세계적 수준의 디지털 기술과 핵심 역량을 갖춘 첨단 기업으로 성장하고, 부채가 거의 없는 탄탄한 재무구조를 보유한 일류 기업으로 변모해 있을 것이다. 또한, 세계 유수의 기업들과 전략적 제휴를 맺은 글로벌 기업으로 발전해, 국제사회에서 존경받는 기업 이미지를 갖출 것이다."

오늘날 삼성의 모습은 이미 1993년 제2의 창업 선포 당시 이건희 회장이 예측했던 삼성이 되었다.

TIP

이건희 회장은 늘 미래를 생각한다. 이건희 회장의 정보에 대한 호기심과 입체적 사고는 남들보다 앞서 미래를 구상할 수 있게 하는 원동력이 되었다. 이병철 회장에게 물려받은 삼성을 발전시키기 위해서는 지금보다 나은 미래를 열어야 했기에 '제2창업'을 통해 질 경영을 들고 삼성을 경영했다. 그 결과 IMF도 무난하게 지날 수 있었으며, 오늘날 삼성이 세계 최고의 기업으로 자리매김하는 데 큰 역할을 하게 되었다.

오늘날 세상이 급격하게 변하고 있어서, 미래의 흐름을 찾아내 제대로 방향을 잡는 것은 리더들에게 매우 중요한 일이 되었다. 미래에 대한 예측을 어떻게 하느냐에 따라서 조직이나 단체의 성패가 갈리기 때문이다. 따라서 리더가 되기 위해서는 미래를 보는 정확한 눈을 가져야 한다. 미래를 보는 정확한 눈을 갖기 위해서는 이건희 회장처럼 다양하고 깊은 독서와 함께 현장 경험을 해야 한다.

SAMSUNG

02 입체적 사고를 해라

이건희 회장은 임직원들과 회의를 할 때마다 입체적 사고를 해야 한다고 강조하였다. 입체적 사고란 놀라울 정도로 급변하는 상황에서는 사물을 바라볼 때 한쪽 면에 치우친 시각을 지닌 채 판단하는 평면적 사고에서 벗어나 사물을 다각적으로 이해하고 판단하는 것을 말한다. 즉 동일한 사물을 볼 때 평면으로만 보는 것이 아니라 여러 각도에서 살펴보아야 한다는 것이다.

입체적 사고를 잘하게 되면 퍼즐 맞추기처럼 분리된 조각들로 전체적인 그림을 만드는 능력이나 평면으로 그려진 설계도 그림만을 보고 입체적인 모형을 만드는 능력이 높아진다. 이건희 회장은 입체적 사고가 습관이 되면 일석이조가 아니라 일석오조도 가능하여 좋은 점이 매우 많다고 하였다.

이건희 회장이 입체적 사고를 잘하는 이유가 있다. 그것은 초등학교 일본 유학 시절에 외로움을 달래기 위해 영화를 보면서 시간을 보냈기 때문이다. 이건희는 일본에 있으면서 3년간 1,200편에 이르는 영화를 보았다. 거의 매일 영화를 본 것과 같은 편 수였다. 이건희가 본 영화의 편 수는 그 무렵 일본에서 10년 간 만들어진 영화 편 수와 같은 양이다.

이건희는 영화를 보면서 그냥 그림만 본 것이 아니라 등장인물이 새로 나오거나 사건이 생길 때마다 최소한 '왜?' 라는 질문을 던지고 그 원인을 분석하였다. 그뿐만 아니라 영화를 보면서 영화를 마치 입체물처럼 생각하여 영화를 만들게 된 감독의 생각과 배우들의 생각, 그리고 배경을 선정하게 된 이유 등은 무엇일까를 입체적으로 생각하였다. 이건희는 수많은 영화를 보면서 자연스럽게 질문을 던지고 분석하는 것이 습관화되었다.

이렇게 영화를 보면서 습득된 입체적 사고가 회사를 경영하는 데 있어 좋은 영향을 미치게 되었다. 이건희는 삼성에서 일하면서도 경영이든 일상사든 문제가 생기면 최소한 다섯 번 정도는 '왜?' 라는 질문을 던지고 그 원인을 분석한 후 대화로 풀어나갔다. 이건희 회장은 '경영이란 보이지 않는 것을 보는 것' 이라고 말하며, 질문을 던지고 그 원인을 분석하는 데서 경영을 어떻게 해야 할지 방향을 찾게 되었다.

이건희 회장의 사고를 깊게 해주는 것은 그만이 갖고 있는 독특한 생각의 방식인데, 결국은 모든 문제를 다각적으로 생각해 봐야 한다는 것이다. 이건희 회장은 이를 '입체적 사고'라 이름 붙였으며, 빠르게 변하는 21세기 생존의 키워드가 될 것이라 했다.

이건희 회장은 일단 입체적으로 보고 생각하는 습관이 생기면, 음악을 들을 때나 미술 작품을 감상할 때 언제 어디서든 새로운 차원의 눈을 뜨는 자가 되고, 창의적 발상의 동력이 된다고 했다. 일을 할 때에는 전혀 생각하지 못했던 문제나 이점을 발견할 수 있다고 하였다.

이건희 회장이 엄청난 돈을 들여가며 주도해 온 외국 회의도 입체적 사고와 관련이 있다. 이건희 회장은 임직원들을 외국에서 선진 시설들을 직접 보고 관찰함으로써 우리가 부족한 것을 찾아 입체적으로 사고하라는 의미에서 외국으로 불러낸다고 한다.

삼성은 이건희 회장이 부임하고 나서 입체적 사고를 강조한 결과 25년간 삼성의 매출이 450억 원 규모에서 384조 원으로 늘어 무려 39배나 성장한 것이다.

TIP

이건희 회장은 입체적 사고가 습관이 되어 일단 중요한 사안이 하나 생기면, 해결될 때까지 몇 날 며칠이고 생각에 빠진다. 그래서 해결 방법을 찾을 때까지 일본이나 외국을 다니면서 다양한 전문가들을 만나거나 상대방의 말을 들어 본다.

이건희 회장은 입체적 사고가 어떤 문제에 봉착했을 때 문제를 해결하는 방식에 있어 가장 효과적이라고 한다. 여러분들도 문제를 효과적으로 해결하기 위해서는 고정관념을 버리고 편협한 사고에 그치는 것이 아니라, 다각도로 생각을 해서 최대한 이익을 얻을 수 있는 무한한 방법을 찾아내고 현명한 판단으로 결정을 내려야 한다. 세상을 주도하며 이끌어 갈 수 있는 미래의 인재상은 바로 입체적통합적 사고를 가진 창의적인 사람이다.

SAMSUNG

03 최고가 되라

이건희 회장은 무엇을 하든 최고가 되어야 하는 습성을 가지고 있다. 일본에서 개를 사육하면서 흥미를 갖고 한국에 돌아와서는 개에 대해서는 최고 수준에 이를 때까지 연구하고 또 연구하였다. 이후에도 골프, 일본 역사, 레스링, 스포츠 등 관심이 있는 것에 대해서는 연구하고 또 연구해서 그 분야에서 경지에 올랐다. 심지어 훌륭한 아버지가 되려면 육아 전서를 30회 이상은 읽어야 한다는 생각을 지닌 사람이 이건희 회장이다.

이건희가 회장이 되어서는 삼성을 일류 기업으로 만들기 위해서 무엇이든 최고가 되어야 한다는 생각을 했다. 아버지로부터 물려받은 삼성은 당시에는 최고였지만 입체적으로 미래를 예측해 봤을 때 앞으로 10년 후까지 최고가 되기는 어렵다고 판단했다. 앞으로 어떤 위기가 삼성을 힘들게 할지 모르기 때문이었다. 삼성이 맞을 수 있는 위기를 극복하는 최선의 방법은 바로 최고가 되는 것이었다.

1993년 제2의 창업 기념사를 통해서 핵심 키워드를 '질을 높이는 경영'으로 잡았다. '질을 높이는 경영'을 통해 삼성을 세계적인 초일류 기업으로 만들어야 한다고 말했다.

당시 삼성은 국내에서 가장 잘나가는 기업이었다. 삼성에 소속된 구성원들은 그 어느 때보다 자부심이 높았으며, 어떤 기업도 삼성의 독주를 막을 수 없을 듯싶어 보였다. 그러나 직원들은 타성에 젖어서 더는 발전하려고 하지 않았다. 이러한 때 이건희 회장이 '삼성 설립 이래 최대의 위기'라며 혁신을 들고 나선 것이다. 이건희 회장은, 국제화 시대가 되면서 세계에서 1등이 되지 못하면 생존을 보장받을 수가 없다고 판단한 것이다.

어느 잡지와의 인터뷰에 이건희 회장의 심정이 잘 드러나 있다.

"삼성은 20년 동안 1,000배로 성장하는 과정에서 알게 모르게 양 위주의 성장 관행이 조직 구석구석에 팽배해 있었다. 이대로 가다가는 삼성은 물론이고 우리 사회 전체가 2류, 3류로 떨어질 수밖에 없다는 생각이 들었다. 그래서 빨리 질 위주로 변화하여 세계화와 정보화의 새로운 변화 흐름에 대응하지 않으면 큰일 나겠다는 절박한 심정에서 위기의식을 가졌던 것이다."

이건희 회장은 프랑크푸르트 회의에서 질 경영에 대해 확고한 의지를 보였다. 그러나 당시 삼성의 임직원들은 질보다 양이 중요하다 했다.

이건희 회장은 임원들을 꾸짖으며 말했다.

"질 좋은 제품이 만들어지면 전 세계에서 이 제품을 찾게 되어 양은 저절로 늘어나니 질 경영을 해야 한다."

이것으로써 양 위주로 일등을 하려던 삼성은 질 위주의 초일류주의로 경영 철학이 바뀐다. 이후 10년간 삼성은 메모리 반도체, 휴대전화, 초박막 액정 TV 등 13가지의 세계 최고 제품을 만들 수 있게 되었다.

세계 최고의 제품들을 만들 수 있었던 삼성이 단순히 제품의 질만 높이려 했다면 결코 이렇게 짧은 시간에 세계 최고의 자리에 오르지 못했을 것이다. 이건희 회장이 말하는 질은 단순히 제품의 질만을 의미하는 게 아니라 모든 부분에서 최고가 되어야 한다는 것을 의미한다.

TIP

오늘날 삼성 제품이 세계적으로 품질을 인정받고 있는 이유는 그 분야에서 최고가 되었기 때문이다. 최고가 되기 위해서는 남들보다 각별한 노력을 해야 한다. 최고가 된다는 것은 물건의 질만 최고가 되는 것이 아니라 물건을 만드는 삼성 · 국가 · 민족이 모두 최고가 되어야 더욱 큰 가치를 갖게 된다. 만약 물건을 만드는 조직이 최고가 되지 못한다면 물건이 아무리 좋아도 별것이 아닌 것이 된다.

오늘날 삼성이 초일류 기업으로 거듭날 수 있었던 것은, 삼성으로서는 가장 잘나가던 시기였던 1993년도에 '비상 상황'을 선포하고 최고가 되는 '질 경영'을 선언한 이건희 회장의 결단이 있었기 때문이다.

SAMSUNG

04 기술이 최고다

이건희 회장은 와세다대학에서 상과를 전공하고, 조지워싱턴대학에서 경영학을 전공했다. 그럼에도 불구하고 현장의 엔지니어만큼이나 전자제품에 대한 전문 지식을 갖추고 있었다. 이건희 회장은 세계 어느 경영자보다도 기술력을 중요시했다.

이건희 회장이 전자제품에 대한 전문 지식을 갖추게 된 계기는 무척 특이하다. 예를 들어 TV를 보면 겉으로만 보는 것이 아니라 분해해서 그 내부를 들여다보며 거기에 들어가 있는 부속 하나하나의 기능을 분석하고 어느 회사에서 만들었는지를 모두 살피는 것이다. 잘 모르는 것이 생기면 책을 뒤적이며 해결해 나갔다. 그래도 풀리지 않는 것은 전문가들을 집으로 초대해서 직접 설명을 듣기도 했다. 이건희 회장은 스스로 자신만큼 전자제품을 많이 사 본 최고

경영자는 없을 것이라고 말하곤 한다.

이건희 회장은 일찌감치 기술에 대해 눈뜬 경영자이다. 어느 잡지의 인터뷰에서 이건희 회장은 다음과 같이 말했다.

"1973년에 오일 쇼크가 있었다. 그때 큰 충격을 받았다. 자원이 없는 우리 현실에서 선진국들과 경쟁하려면 머리를 쓸 수밖에 없음을 절실히 느꼈다. 두뇌를 이용한 첨단기술을 개발해서 부가가치가 높은 하이테크 산업에 진출해야 한다는 생각을 하게 됐다."

이건희 회장은 우리나라가 다른 나라와 경쟁에서 이기려면 결국은 기술밖에 없다는 것을 일찍부터 깨달았다. 그래서 이건희 회장은 삼성을 경영하면서 기술의 중요성을 강조한 사례들이 많았다.

1987년 삼성전자는 메모리 반도체 역사의 전환점이 되는 중대한 고비를 맞이한 적이 있었다. 4메가 D램을 개발할 때 스택stack : 쌓는 방식으로 할 것인가, 트렌치trench : 파는 방식로 할 것인가를 결정하는 일이었다.

두 기술은 서로 장단점이 있어서, 양산에 들어가기 전에는 어느 쪽이 유리한지 전문가들도 판단하기 어려워했다. 이때 이건희 회장은 '복잡한 문제일수록 단순화시켜야 한다. 회로를 고층으로 쌓는 스택이 수월하다'고 결정을 내렸고, 그 결정은 옳았다. 트렌치를 채택한 도시바는 양산 과정에서 생산성 저하로 디램 선두 자리를 삼성에 빼앗겼다.

이건희 회장은 1993년 2월 28일부터 LA 센추리호텔에서 디자인과 품질을 비교하는 평가회의를 하겠다고 발표했다. 이건희는 200여 평의 홀에 전 세계 유명 메이커의 캠코더, TV, 냉장고, 세탁기, VTR, 전자레인지 등 78가지에 이르는 제품을 전시하고 회의를 시작하였다. 이건희는 임원들이 지켜보는 가운데 삼성전자 제품과 경쟁사의 제품을 하나씩 분해하면서 기능과 부품의 차이점을 지적해 갔고, 임원들은 왜 삼성전자 제품이 미국에서 대접을 받지 못하는지를 알게 되었다.

이건희는 말했다.

"삼성의 전자제품은 싸구려의 대명사 같습니다. 이번에 임원들과 매장을 둘러본 결과 우리 제품이 천대받고 있는 것을 똑똑히 보고 왔을 겁니다. 2등은 현상 유지밖에 안 되고 못 큽니다. 그리고 바쁘기만 합니다. 삼성이 그러니 맨날 그 모양입니다. 지금처럼 해서는 삼성은 이제 살아남을 수 없습니다."

이건희 회장은 임원들에게 삼성 기술의 수준을 보여주고 기술의 중요성을 알렸다. 임원들은 얼굴이 빨개지면서 자신들의 부족한 기술력을 깨닫고 기술을 높이기 위해서 노력하게 되었다.

1993년 제2의 창업 선포 이후 일본 오쿠라호텔에서 열린 회의에서 이건희 회장은 자신의 기술 철학을 받아들이지 않은 임직원들을 질책하면서 이렇게 말했다.

"15년 전부터, 정확하게 1977년부터 내가, 전자에 합작해라, 싫으면 기술을 사라, 그것도 싫다면 개발을 해라, 개발이 안 되면 일본 고문을 데려다 배워라, 그것도 안 되면 죽으라고 했다. 1977년부터 내 말의 10분의 1만 들었다면, 적어도 1985년부터 그 행동을 시작했다면, 소니 · 마쓰시타 · 산요 · 샤프 · NEC의 좋은 것만을 몽땅 합친 사업체가 되었을 것이다."

이건희 회장의 기술에 대한 신념을 엿볼 수 있는 내용이다. 이후 이건희 회장이 강조하는 기술의 중요성은 제2의 창업 선언의 중요한 뼈대가 되었으며, 삼성은 첨단기술 기업으로 급격하게 변모해 나갔다. 2011년 삼성전자가 미국 특허상표청USPTO에 등록한 특허 건수는 미국에서 4,894건을 취득해 2위를 차지할 정도로 기술 개발에 몰두하였다. 이건희 회장의 기술 중심 경영은 불과 10여 년 만에 삼성이 세계적인 첨단기술 기업으로 자리매김한 것이다.

TIP

이건희 회장은 기업의 생명은 기술이라고 생각하였다. 기술이 좋은 회사는 성장할 수 있지만 기술이 떨어지는 회사는 도태될 수 밖에 없기 때문이다. 이건희 회장은 제품을 만들고 파는 사람은 최소한 그 제품에 대해서 모르는 것이 없어야 한다고 생각했다. 그래서 일본이나 선진국에서 명품들을 뜯어서 분석하고 일일이 부품의 기능과 역할을 익혀 나갔다. 그래서 이건희 회장은 직원들에게 기술에 대한 조언을 할 수 있었다. 그가 기술에 대한 조언을 할 수 있었던 것은, 그만큼 기술에 관해 관심이 깊었기 때문이다.

임직원들은 기술력을 가진 이건희 회장에 대하여 신뢰감뿐만 아니라 목표를 향해 정진하도록 이끌어주는 리더십을 가진 지도자라고 생각하게 되었다. 따라서 존경받는 리더가 되려면 해당 분야의 전문성을 길러야 한다.

SAMSUNG

05 사람을 잘 뽑아라

이건희 회장은 어릴 때부터 아버지 이병철로부터 '기업은 곧 사람'이라는 말을 수없이 들어왔다. 이건희는 아버지가 좋은 사람을 뽑기 위해서 노력하는 것을 지켜보았기 때문에 자연적으로 인재의 중요성을 항상 깨닫게 되었다. 아버지가 뽑은 인재 중에는 회사를 흥하게 하기도 하고 망하게 하기도 하는 것을 지켜보면서 자랐기 때문에 인재에 대한 욕심은 더 컸을 것이다. 이건희 회장도 그동안 경영 활동을 해오면서 많은 사람을 만나 보았고 경험도 해보았다. 그는 삼성이라는 하나의 거대한 조직을 살찌우고 활성화하는 훌륭한 삶도 보아 왔고 조직을 망치는 사람도 겪었다.

삼성이 초일류 기업이 된 비결은 이건희 회장이 지난 25년 동안 인재 확보와 육성에 남다른 공을 들인 것도 중요 요인 중 하나이다.

이건희 회장은 자주 인재의 중요성에 대해서 다음과 같이 말했다.

"우수 인력 한 사람이 10만 명을 먹여 살린다.", "바둑 1급 열 명이 힘을 모아도 바둑 1단 한 명을 이길 수 없다."

최근 이건희 회장의 인재에 대한 욕심은 국적에 상관없이 인재를 채용하고 석·박사 인력을 매년 1,000명씩 늘리도록 지시했다. 삼성을 엔지니어의 천국으로 불릴 정도로 삼성전자는 무려 1,500여 명의 박사급 인력을 보유하고 있다. 이미 서울대보다 박사 수가 많은데도 이건희 회장은 만족하지 않는다.

삼성은 전 세계의 인재를 구하기 위하여 국적을 불문하고 인재를 수소문하여 구하고 있다. 이건희 회장이 우수한 인력을 확보하는데 직접 나서서 만나기도 하였다. 반도체 사업을 시작하던 초기에는 이건희 회장이 직접 일본에 가서 반도체 전문가들을 만나서 스카웃 제의를 하였으며, 인텔 등 반도체 선진 회사에서 연봉 20만 달러씩 제시하고 직접 뽑아오기도 했다. 인재에 대한 자신의 의지를 직원들에게 보여주기 위해서이다.

삼성에는 스카우트되어서 삼성의 발전을 주도한 인물들이 많다. 진대제 전 정보통신부 장관은 미국 스탠포드대학 박사 출신으로 IBM 연구원으로 근무하다가 1985년 스카우트된 후 16메가 D램을 세계 최초로 개발하는 주역이 되었다. 황창규 사장은 미국 매사추

세츠대학 박사 출신인데, 스탠포드 연구원과 인텔 자문으로 있다가 1989년 스카우트된 후, 1994년에 256메가 D램을 세계 최초로 개발하는 주역이 되었다.

삼성은 영입된 고급 두뇌들이 일할 수 있는 환경을 만들어 주었다. 그들은 자신이 가지고 있는 전문성을 새로운 제품을 만드는데 쏟아 부음으로써 반도체 분야에서 세계 1위를 달성할 수 있었다. 이러한 성공 사례로 인해 다른 분야에서도 일등을 할 수 있다는 자신감을 갖게 되었다.

삼성 인사의 특징은 능력을 우선시하고 파벌주의를 없애는데 최선을 다하고 있다. 한국의 병폐 중의 하나가 인맥이나 학벌로 인해서 차별받는 경우가 많지만, 삼성은 가장 중요한 것을 능력으로 평가한다. 실제로 삼성의 임원 중에는 명문대학 졸업자뿐만 아니라 지방대 졸업생이 차지하는 비율이 30%가 넘으며, 고졸 출신자도 있다. 그래서 삼성전자에서는 출신 지역과 대학을 묻는 것은 금기사항에 가깝다. 신입사원을 채용할 때도 학교나 출신 지역 등이 큰 문제가 되지 않는다. 1994년부터는 채용에서 아예 학력 제한을 철폐하기도 했다.

이건희 회장은 인재의 좋고 나쁨은 학력에 있는 것이 아니라 개개인이 갖고 있는 잠재능력에 있다고 보았기 때문에 학력에 상관없이 뽑고, 능력을 발휘하면 대졸 사원과 동등하게 대우하라고 지시하였다. 그래서 삼성전자 임원 중 공채 출신은 60% 정도이고, 나머지는 외부에서 영입한 인사로 구성되어 있다.

공부를 잘하는 사람도 중요하지만, 특별한 능력과 끼가 있는 사람도 이건희 회장의 관심 안에 있는 인재들이다. 그래서 삼성에서는 신춘문예 당선자, 디자인 · 소프트웨어 · 광고 · 수학경시대회 등 각종 입상자, 다국어 능통자들은 학벌에 상관없이 뽑는다. 이와 같은 '특별 채용'으로 삼성에 들어오는 사람만도 매년 100명이 넘을 정도다.

삼성은 신입사원들을 뽑으면 계열사 구분 없이 강도 높은 입사 교육을 받는 것으로 유명하다. 그리고 단체 교육은 잊을 만하면 다시 교육을 받게 하면서 '삼성맨'이라는 자부심과 동질감을 강하게 심어주고 있다.

TIP

이건희 회장은 천재적인 재능을 가진 인재를 좋아한다. 이건희 회장은 21세기는 탁월한 한 명의 천재가 1,000명, 1만 명을 먹여 살리는 인재 경쟁 시대가 올 것이라고 예측했다. 삼성이 10년 뒤 초일류 기업으로 도약하기 위해서는, 미래를 책임질 인재를 조기에 발굴하고 체계적으로 키워내야 한다고 강조하였다. 그래서 이건희 회장은 전면에 나서 전 세계에서 인재들을 불러 모으고 있다.

이건희 회장이 이야기하는 천재는 공부만 잘하는, 100점만 맞는 사람이 아니다. 각자 끼가 하나씩은 있고 놀기도 잘하고 공부도 효율적으로 하고 창의력이 뛰어난 그런 사람을 말하는 것이다. 한마디로 빌 게이츠 같은 사람이라고 볼 수 있다.

빌 게이츠가 만든 마이크로소프트의 매출액이 미국 국내총생산GDP의 2.7%를 차지하고 세금도 미국 총 납세액의 1.8%에 이른다. 따라서 좋은 인재 한 명은 기업을 살리고 나라를 살리게 된다. 그래서 천재 세 사람을 찾겠다는 것이 이건희의 목표이다.

SAMSUNG

06 하면 된다

나이키의 창업자 필 나이트Phil Knight 회장은 "신발 가게는 망해도 나이키는 망하지 않는다."라는 말을 만들어 퍼트리며 "Just do it하면 된다"의 힘을 전 세계로 전염시킨 일등 공신이다. 나이키는 실제로 '하면 된다'는 생각으로 세계 최고의 신발 회사가 되었다.

이건희 회장은 삼성의 직원들이 자만하고 만족감에 빠져 아무것도 하지 않는 것을 보고 삼성의 미래가 어둡다는 것을 예측했다. 그래서 이건희 회장은 삼성이 느슨해질 때마다 변화와 혁신이란 '충격 요법'을 썼다. 하면 된다는 새로운 비전을 함께 제시했다.

1993년 2월쯤 이건희 회장은 로스앤젤레스를 방문하여 삼성 TV가 매장 한쪽 귀퉁이에서 먼지만 수북이 쌓인 채 외면당하고 있는 현실을 보고 충격을 받았다. 이건희 회장은 임직원들을 불러 충격적인 장면을 보여 주었다.

그리고 같은 해 2월 로스앤젤레스 센추리플라자호텔에서 전자부문 수출품 현지 '비교평가회의'를 개최했다. 이건희 회장은 이때 삼성 제품과 세계 최고라고 하는 경쟁사 제품들을 진열해 놓고 하나씩 분해해 가면서 겉과 속을 비교하며 문제점을 조목조목 지적했다.

"삼성은 이미 망한 회사다. 지금은 잘해 보자고 할 때가 아니라 죽느냐 사느냐의 기로에 서 있는 때다. 보시다시피 우리 제품은 선진국을 따라잡기에는 아직 멀었다. 이제 2등 정신을 버려라. 이제 세계 제일이 아니면 앞으로 살아남을 수 없다. 우리도 경쟁 회사들처럼 좋은 제품을 만들면 세계 최고의 초일류 회사가 될 수 있다." 라고 결연한 혁신 의지를 보였다.

이건희 회장의 '하면 된다'는 생각이 기폭제가 돼서 같은 해 6월 삼성은 신경영 선언과 함께 대전환을 시작했고 10여 년이 지난 오늘 삼성 TV는 세계 최고 브랜드의 대명사로 불릴 만큼 성장하게 되었다.

2010년 3월, 이건희 회장은 2년여 만에 경영에 복귀하면서 충격요법으로 삼성을 다잡은 것이 대표적이다. 이 회장은 일본 도요타의 리콜 사태를 예로 들며 "삼성도 저럴 수 있다."라는 위기감을 각

인시켜 삼성을 다시 긴장하게 했다.

2000년 4월, 삼성전자의 컨설팅을 맡았던 매킨지의 수석연구원이 삼성의 전 임원들이 모인 가운데 그동안 삼성을 분석한 결과를 발표하였다.

"삼성전자는 다른 기업에 비교해 하등 뛰어날 것이 없다. 게다가 목표치는 과도하게 설정되어 있다. 사업마다 객관적으로 달성 불가능한 목표를 제시하고 있다. 다만 특이한 점은, 결국에는 이 목표를 이루어낸다는 것이다. 객관적으로 불가능한 일을 해낸다. 삼성의 미스터리이다."

삼성이 일반적인 다른 기업과 차이가 없지만 불가능한 일을 해내는 것을 미스터리라고 표현했다. 삼성이 가진 미스터리는 이건희 회장이 삼성맨들에게 하면 된다는 생각을 심었기 때문이다.

이건희 회장은 세탁기 생산 라인에서 문제가 발생하자 임원들을 모아 놓고 신경영을 선언한 뒤 곧바로 '라인 스톱제'를 시행하도록 지시했다. 그러나 그전까지 삼성전자의 불문율 중 하나는 무슨 일이 생겨도 생산 라인은 세우지 않는다는 습관대로 불량품이 생겨도 생산 라인이 멈추는 일은 일어나지 않았다. 임원들의 반대도 만만치 않았다.

이건희는 라인 스톱제가 완전히 정착될 때까지 확인하고 또 확인했다. 결국, 어쩔 수 없이 현장에서는 이건희 회장의 지시대로 라인 스톱제를 시행할 수밖에 없었다. 이건희 회장은 몸소 하면 된다는 것을 보여 주었다. 이 제도의 시행으로 불량률이 대폭 줄어들어 삼성에 대한 이미지는 좋아질 수밖에 없게 되었다.

이건희 회장의 하면 된다는 정신을 보여 준 또 다른 사례가 있다. 바로 무선전화기가 불량품이 많자 전부 회수해서 태우라는 지시를 하였다. 직원들은 이미 팔린 것은 회수하기 불가능하기 때문에 있는 것만 태우자고 했다. 그러나 이건희 회장은 화를 내면서 모든 무선전화기를 회수해서 태우라고 하였다. 결국, 직원들은 재고는 물론이고 이미 팔린 전화기를 한 대라도 더 회수하기 위해 모든 방법을 동원해서 불량 전화기를 모았다. 그렇게 모아진 전화기가 약 15만 대가 넘었다. 직원들은 다시 한번 하면 된다는 것을 이건희 회장으로부터 배웠다.

이건희 회장의 하면 된다는 생각은 변하지 않으려는 삼성의 조직의 문화에 스며들게 된다. 그래서 삼성의 직원들은 어떠한 목표가 생겨도 안 된다는 생각보다는 할 수 있다는 생각으로 실천한다. 하면 된다는 정신이 삼성의 미스터리한 힘을 만들어내는 데 일조하는 것이다.

TIP

사람은 누구나 인생을 살다 보면 난관에 부딪히기 마련이다. 그런 면에서 하늘은 모두에게 공평하다는 이야기가 나오는 것이다. 다만 난관에 부딪혔을 때 어떠한 사고를 갖고 대처하느냐가 그 사람의 운명을 바꿔놓는 계기가 된다.

초일류를 지향하는 삼성만이 가지는 독특한 문화는 불가능을 가능하게 한 것이다. 삼성의 임직원은 자신들이 초일류 기업을 다닌다는 높은 자부심과 최고가 되어야 한다는 사명감을 가지고 있다. 이러한 힘이 삼성을 성장하게 한 원동력이 된 것이다. 이처럼 삼성이 성장할 수 있었던 원동력은 이건희 회장이 하면 된다는 신념을 보여 주었기 때문이다.

SAMSUNG

07 큰 꿈을 가져라

꿈이란 실현하고 싶은 희망이나 이상을 말한다. 꿈이 있어야 내가 이 세상을 왜 사는지를 알 수 있다. 만약 의사가 되고 싶은 꿈이 있다면 의사가 되기 위해서 의과대학을 진학해야 하고, 의과대학을 진학하기 위해서는 전교에서 1등을 해야 하는 목표가 생긴다. 즉 꿈이 있어야 목표가 생기게 된다.

꿈이 없는 사람은 목표가 없기 때문에 무엇을 해도 재미가 없다. 그뿐만 아니라 꿈이 없기 때문에 아무 일도 하지 않게 된다. 이건희는 항상 꿈을 꾸며 도전했다. 이건희의 꿈은 무엇이든지 최고가 되는 것이었다. 이건희는 세계 최고가 되겠다는 꿈이 있었기에 반도체, LCD, 디지털 TV, 휴대전화 등을 세계 최고의 제품으로 만들었다.

이건희는 일본에서 유학을 하면서 골프를 즐겨 했다. 자신이 골프를 치면서 만났던 인사들 중에서 성공한 사람들은 나름대로 자신의 분야에서 최고의 길을 가거나 일류였다. 역도산이나 일본 내에서 성공한 사람들과 어울려 골프를 치기 시작하면서 해당 분야의 최고에 대해 관심을 갖게 된다. 심지어 일류 야쿠자들과 같이 골프를 치며 그들을 관찰해 보기도 했다. 자연스럽게 해당 분야의 일류들을 만나면서 자신도 그들처럼 최고가 되어야겠다는 비전을 가지게 되었다.

1974년 12월, 당시 동양방송 이사였던 이건희는 반도체 시장이 커지는 것을 보면서 미래는 반도체가 기업이나 국가를 먹여 살리기 때문에 삼성에서도 꼭 반도체 사업을 해야 한다고 결심했다. 반도체 사업을 하자고 했지만 이병철 회장은 아직 이르다고 망설였다. 그러나 이건희는 반드시 반도체 사업에 진출하여 삼성을 초일류 기업으로 만들어야겠다는 꿈을 세웠다.

결국, 며칠 후 그는 사재를 털어서 개인 명의로 한국반도체를 사들였다. 그 후 1983년 이병철 회장이 도쿄 선언을 통해 반도체 사업 진출을 전격 발표했으며, 한국반도체 부천공장은 삼성반도체의 훌륭한 밑천이 되었다. 반도체 사업에 대한 이건희 회장의 결단은 10년 뒤에 비로소 꽃을 피웠고, 21세기에 들어서면서 열매를 맺기 시작해, 삼성전자가 세계 최고의 IT 기업으로 성장하는데 결정적인 역할을 하게 되었다.

이건희 회장은 삼성의 창업 2기를 맞아 임직원들에게 다음과 같이 말했다.

"삼성이 여기서 멈추면 위험이 닥쳐올 수 있으며, 변화를 외면하거나 거스르면 영원히 이류, 삼류로 머무르게 될 것이다. 그래서 우리는 초일류 기업이 되어야 한다는 목표를 세우고 도전과 변화를 가로막는 어떠한 것도 과감하게 허물어야 한다. 아울러 앞으로 10년 동안 무엇을 해야 할지 항상 궁리하고 10년 후의 미래를 준비해야 한다."

결국, 이건희 회장은 미래를 대비하고 초일류 기업으로 가기 위해서는 꿈을 가지고 도전해야 한다는 것을 임직원들에게 알렸다.

삼성은 세계 초일류가 되어야 한다는 목표를 세우고 여러 분야에서 최고가 되기 위해서 노력했다. 그 결과 '전자 강국' 으로 자부하던 일본을 반도체, LCD, 디지털 TV, 휴대전화 등 여러 부분에서 따돌리며 앞서 달리고 있다. 삼성이 이처럼 놀라운 성공을 거두고 세계적인 초우량 기업으로 성장하자 내로라하는 일본 기업들이 삼성의 기술 관리와 조직 관리를 집중적으로 벤치마킹하고 있다.

이건희 회장은 신년사나 회의 때마다 자신의 비전을 발표하면서 모든 임직원들이 동참해 줄 것을 호소하였다. 삼성은 이건희 회장의 꿈으로 만들어져 가는 기업이라고 할 수 있다.

TIP

성공한 사람들을 보면 여러 가지 공통점이 있지만, 그 중에서 가장 중요한 것은 하나같이 꿈을 크게 세웠다는 점이다. 미래를 예측하는 가장 정확한 방법은 직접 미래를 만드는 것이라는 피터 드러커의 말처럼, 자신이 바라는 미래를 만들기 위해서는 꿈을 세워서 도전하는 것이 가장 좋은 방법이다.

꿈을 갖는 데는 연령과 성별, 환경의 제약이 없다. 꿈은 누구에게나 평등하며 성공은 누구에게나 열려 있다. 다만 꿈을 세웠다고 해서 꼭 성공하는 것이 아니라 꿈을 갖고 꾸준히 도전한다면 언제든지 이루어질 수 있다는 것을 이건희 회장이 보여 주었다.

인생의 기회는 가만히 주저앉아 한숨 쉬는 사람에게 주어지는 것이 아니다. 기회란 꿈을 갖고 도전하는 사람에게만 찾아오는 것이다.

08 포기하지 마라

잡스는 애플에서 쫓겨난 후 깊은 좌절에 빠졌었다. 자신이 만든 애플에서 쫓겨난 것은 잡스 자신에게 있어서 매우 창피한 일이었다. 잡스는 자신을 어렵게 한 컴퓨터가 미웠을 것인데도 불구하고 최고의 컴퓨터를 만들려는 도전을 하였다. 그래서 만든 것이 넥스트라는 회사였다. 그러나 새로 만든 최고의 컴퓨터도 너무 비싸 시장에서 외면을 받았다.

잡스는 연속된 실패 속에서도 포기하지 않았다. 그는 오히려 포기를 기회로 삼아 하드웨어를 만드는 넥스트를 소프트웨어 만드는 회사로 바꾸어 버렸다. 이러한 경험은 나중에 애플로 돌아와서도 하드웨어를 잘 만드는 애플보다는 소프트웨어를 잘 만드는 애플로 만들었다.

오늘날의 삼성이 이룬 업적은 이건희 회장이 무슨 일이든 포기하지 않고 도전해서 얻은 결과라고 할 수 있다.

이건희는 어릴 때 홀로 일본에 유학 가서 개를 키우면서 외로움을 달랬다. 이때부터 개에 대한 남다른 애정이 생겨나 성인이 되어서도 개에 대한 애정이 각별했다. 그는 한남동 집에서 200여 마리의 개를 기를 정도로 개를 좋아했다. 그런 연유로 이건희는 장애인들을 위한 안내견 학교를 만들고 여러 분야에서 활용할 수 있도록 특수견들을 훈련시키고 있다. 그리고 안내견들을 훈련시켜 장애인들에게 기증하는 사업을 하고 있다. 진돗개에 대한 애정도 각별해서 1979년 일본에서 열린 '세계 견종 종합전시회'에서 순종 진돗개 암수 한 마리씩을 직접 출전시켜 진돗개의 원산지가 한국임을 입증하여 세계견종협회에 등록하기도 했다.

이건희가 일본에서 관심 있게 본 것 중에는 프로레슬링이 있었다. 일본 유학 시기에 역도산의 경기를 보고 감격했기 때문에 자신도 역도산처럼 레슬링을 해서 힘이 세고 인정받는 사람이 되고 싶었다. 방학 기간에도 합숙훈련에 빠지지 않고 레슬링을 열심히 해서 전국대회에서 입상까지 했다. 그러나 집안의 만류로 더는 레슬링을 할 수 없었다. 그러나 레슬링에 대한 애정은 계속되어 1982년에는 레슬링협회 회장이 되어 비인기 종목이었던 레슬링을 1988년 서울올림픽에서 많은 메달을 따낼 수 있도록 했다. 이후 레슬링의 경기력 향상과 한국 스포츠 발전을 위해 선수만큼이나 노력한 공로로 1991년 올림픽훈장을 수상했고, 1996년에는 국제올림픽위원회 IOC 위원으로 선출됐다.

반도체 분야에서 삼성이 엄청난 성공을 거두게 된 것은 우연의 일이 아니다. 이건희는 아버지의 만류에도 불구하고 반도체 사업을 키우겠다는 목표를 가지고 한국반도체를 개인적으로 인수했다. 그러나 자체 기술이 없는 반도체 사업은 나날이 고전을 겪게 된다. 자본금을 모두 잠식한 채 가까스로 몇 번의 위기 상황을 넘겼으며, 삼성반도체는 근 10년 동안 그룹의 미운 오리로 낙인이 찍혀 있었다.

이건희는 포기하지 않았다. 이건희는 수많은 장애를 극복해야 했고, 또 헤아릴 수 없이 많은 실패도 감내해야 했다. 그러나 언젠가 반도체 사업은 삼성의 전자 부문을 살리고 최고가 될 수 있는 기회를 만들어 줄 것으로 예측하고 갖은 어려움을 참고 견뎠다. 그렇게 모진 어려움을 겪은 반도체 사업은 10년 뒤에는 삼성의 대표적인 사업이 되었다.

이건희는 반도체가 자리를 잡았으면서도 세계 최고가 되어야 한다는 목표를 가지고 계속 도전하였다. 오늘날의 성공에 이르기까지는 멀고도 힘든 길이었다. 이건희는 어려움이 생길 때마다 포기하지 않고 오히려 반대로 반도체 분야에 매년 투자를 증대했다.

이건희의 포기하지 않는 도전정신으로 인해 삼성은 1994년 256M D램, 1996년 1Gb D램을 세계 최초로 연달아 개발하면서 차세대 반도체 시장을 주도하게 된다.

TIP 일반적으로 평범한 사람들은 해보지 않은 일에 대하여 두려움을 가지고 있으며, 목표를 세우는 것도 어려워하고, 목표를 세워도 쉽게 포기하는 경향이 많다. 꿈에 대한 갈망이 없고 무언가를 추구하지 않는다면 아무것도 배울 수 없고 도약할 수 없다. 그러나 이건희는 목표를 세워서 도전하게 되면 중간에 포기하지 않고 끝까지 갔다. 이건희는 오직 현실보다 나은 내일에서 더 나아가 1년, 더 나아가 5년, 더 나아가 10년, 20년을 내다보면서 목표를 세워 실천해 갔기 때문에 오늘날의 삼성을 만들어 낸 것이다.

포기하지 말고 도전하다 보면 지금까지 자신에게서 발견하지 못했던 잠재능력을 발견하게 될 것이고, 발견된 잠재능력을 개발하고 활용한다면 목표에 도달하는 기쁨을 맛보게 된다. 성공한 사람들의 공통적인 비결은 한 번 세운 꿈을 포기하지 않고 도전하였기 때문이다. 도전을 해보라. 포기하지만 않는다면 그 꿈은 반드시 이루어지고 말 것이다.

09 모든 것을 바꾸어라

이건희 회장은 삼성을 초일류 기업으로 만들기 위해서 기존의 문화를 바꾸려고 노력했다. 이건희가 취임한 지 1년이 지난 1988년에는 삼성 50주년 기념식을 서울올림픽 체조경기장에서 열었다. 이건희는 기념사를 통해서 '제2의 창업'을 강조하면서 '세계적인 초일류 기업'이 되기 위해서 삼성이 변해야 한다고 강조하고 개혁을 시작하였다.

그러나 이미 50년 동안 아버지에게 굳어진 조직 문화는 새로운 변화를 원하는 이건희의 요구에도 움직이지 않았다. 더욱이 임직원들이나 비서실에서는 오히려 이건희 회장의 개혁에 반대하거나 하는 척만 하기도 했다.

제2창업을 선언하고 몇 년이 지나도 달라지는 것은 거의 없었다.

직원들은 삼성이 국내에서 최고라는 생각을 가지고 있었기 때문에 변화의 필요성을 느끼지 못했다. 이건희는 이대로 가다가는 삼성 전체가 역사 속에서 사라질 것 같은 절박한 심정의 위기의식까지 느꼈다. 이건희 회장의 눈에 비친 삼성은 국내에서 최고라는 안일함과 자만심에 도취되어 있었다.

이건희 회장은 삼성을 변화시키기 위하여 위기의식을 강조했다. 이건희 회장은 기회가 생길 때마다 임원진들에게 세계 초우량 기업의 대열에 올라설 수 있도록 사장단부터 위기의식을 가져야 한다고 주장했다. 이건희 회장은 현실에 안주하는 모습을 무척이나 싫어했다.

"나는 15년 전부터 위기의식을 느껴왔고, 최근 4~5년간은 등에 진땀이 흘렀다. 지금처럼 나간다면 삼성의 미래가 어둡기 때문이다. …… 잘한다는 삼성이 왜 이것밖에 못 만들고, 그것밖에 못 받느냐, 우리 삼성은 분명히 2류밖에는 될 수 없다. 지금은 죽느냐 사느냐 할 때이다. 단지 더 잘해 보자고 할 때가 아니다. 삼성이 사는 방법은 모든 분야에서 최고가 되는 방법이다."

이건희는 '위기의식'을 강조하기 위해 가끔 '메기 경영론'을 인용했다. 메기 경영론은 아버지 이병철이 직접 들려준 경험담이면서 기업 경영에 활용한 방법이었다.

논에다 미꾸라지만 모아 키운 것과 메기를 함께 넣어 키운 것을 잡아 비교해 보면, 메기를 넣은 그룹의 미꾸라지는 살이 통통하게 오른 반면 미꾸라지만 넣어 키운 그룹은 신통치 않았다. 이유는 메기와 같이 키운 미꾸라지는 메기에게 먹히지 않으려고 항상 긴장하고 계속 움직이며 많이 먹어서 튼튼하다는 것이다. 결국, 이병철 회장은 조직이 건강하기 위해서는 위기 상황을 만들어 주면 더욱 열심히 한다는 논리였다.

이건희 회장도 조직을 바꾸기 위해서 개인이건 조직이건 위기감을 느끼도록 하였다. 개인이건 조직이건 위기감 속에서 문제의식이 싹트면 문제를 해결하려는 노력과 더 끈끈한 팀워크을 이루면서 활력을 가져다주기 때문이었다.

이건희 회장은 기업의 문화와 조직 풍토를 바꾸기 위해서 1993년 6월 7일 독일 프랑크푸르트 임원들에게 모든 것을 바꾸라고 지시하였다.

"앞으로 21세기에는 초일류가 아니면 살아남지 못합니다. 대변혁의 시대에 하루속히 적응하지 못하면 삼성은 이류, 삼류로 뒤처지고 맙니다. 마누라와 자식을 빼고는 다 바꾸어야 합니다. 그래야 살아남을 수 있습니다."

이건희는 삼성이 최고의 회사로 성장하기 위해서 대대적인 개혁을 단행하기 시작했다. 지금까지 만들어 오던 제품 중에서 삼성에 도움이 되지 않는 생산을 전면 중단시켰다. 그뿐만 아니라 제품의 가짓수를 대폭 줄이고 자신의 선택을 믿으며 개혁에 집중했다. 직원들은 충격에 빠졌다.

갑자기 이루어진 대대적인 개혁에 대해서 반기를 드는 임원들이 나타나기 시작했다. 이건희는 '새 술은 새 포대에 담아야 한다'고 생각했다. 자신이 하고자 하는 새로운 일이 힘을 받으려면 새로운 인물이 필요했기에 자신에게 반기를 드는 임원들을 해고시켰다. 그리고 자신의 개혁을 빠르게 실현하기 위해서 비서실의 기능을 대폭 축소하기도 하였다. 그러나 이건희 회장은 멈추지 않고 꾸준히 바꾸어 나갔다.

이후 삼성에서는 모든 것이 바뀌어 가게 된다. 이로써 이건희 회장은 삼성을 자연스럽게 통제할 수 있게 되었으며, 자신의 생각대로 회사를 경영할 수 있게 되었다.

TIP

급변하는 시대를 살아가기 위해서는 똑같은 모방만으로는 불가능하다. 남들을 모방만 해서는 2등밖에는 할 수 없다. 이건희 회장은 삼성을 세계 초일류 회사로 성장시키기 위해서 모든 것을 바꾸기로 하였다. 그의 개혁은 직원들의 저항을 가져오고 현장에서는 따라 주지 않았지만 포기하지 않고 꾸준히 바꾸어 나갔다. 그 결과 삼성은 조금씩 변하기 시작했고 세계 초일류 기업이 되었다.

이건희 회장의 명언 중 "마누라와 자식만 빼고 다 바꿔라."라는 말이 있다. 이 말은 모든 것을 바꾸면 분명히 된다는 것을 의미하고 있다.

SAMSUNG

10 창의력을 가져라

애플의 창업자 스티브 잡스는 창의력이 세상을 지배하게 된다고 말했다. 창의력이란 남들과 다르게 생각하는 능력을 말한다. 그래서 애플은 지금 있는 것을 변형해 '조금 더 나은 제품'을 생산해 내는 것보다는 '세상에 없는 물건'을 만들어 내는 것을 좋아했다. 애플 II 컴퓨터를 비롯하여 넥스트, 픽스사에서 만든 3D D에니메이션, 아이팟으로 시작해 아이폰, 아이패드까지 전 세계를 리드하는 제품을 차례로 발표하였다. 만드는 것마다 세계 최고의 제품이 되었다.

이건희 회장도 최대의 경쟁자인 애플을 이기기 위해서는 전 직원들에게도 창의력을 갖도록 주문하였다.

이건희 회장은 2006년 신년사에서 "창의력은 혁신의 씨앗이자 성장의 원동력이다. 따라서 창조적 인재를 더 많이 키워 미래를 대비하는 한편, 실패를 두려워하지 않는 풍토를 만들어 가야 한다."라며 전 직원들에게도 창의력을 갖도록 주문하였다.

2006년 말에는 삼성이 초일류 기업으로 성장하기 위해서 창조 경영을 해야 한다고 주장했다.

"20세기 경영과 21세기 경영은 다르다. 20세기에는 물건만 잘 만들면 1등이 됐지만 지금은 품질에 별 차이가 없다. 21세기엔 여기에 디자인, 브랜드, 마케팅, 연구개발R&D 등이 복합적으로 어우러진 창조적인 것을 만들어 내야 살아남을 수 있다."

이건희 회장은 새로운 경영 패러다임으로써 창조 경영을 해야 한다는 것을 삼성그룹에 선언하였다.

삼성에서는 2002년 이후부터 글로벌 경영을 추진하였는데, 이를 대신해서 2006년 말부터 창조 경영으로 바꾼 것이다. 창조 경영이란 이전에 없던 전혀 새로운 고객의 문제를 '창조적'으로 인식하고 이를 해결해 주는 것을 말한다.

2007년 애플이 아이폰을 출시하자 삼성은 충격에 빠졌다. 애플이 전화기를 만들어 본 회사도 아닌데 휴대전화 시장에 진입하여 자신들보다 기술력이 뛰어난 제품을 만들었다는 것이다. 아이폰이 휴대전화 시장을 지배하게 되자 이건희 회장은 삼성이 영원한 2위에 내몰리는 것이 아닌가 하는 위기감을 느꼈다. 위기를 해결하는 방법은 기존의 방식을 바꾸어 완전히 새로운 휴대전화을 만드는 것이었다.

이건희는 애플이 만든 아이폰이 세계를 제패하는 것을 보고 더는 물러나 있을 수 없었다. 다시 회장으로 복귀해서 애플에게 도전장을 내밀었다.

이건희 회장은 애플이 아이폰을 만들 때 갤럭시를 만들었으며, 아이폰보다 더 좋은 전화기를 만들 뿐만 아니라 아이폰의 미래를 예측하여 더 좋은 스마트폰을 만들어 내려고 노력했다. 삼성은 세계 최고의 스마트폰을 만들기 위해서 우선 애플의 장단점을 모두 분석하였다. 애플이 가진 장점은 창의성이었고 단점은 폐쇄성이었다.

삼성은 이를 이기기 위해서 스마트폰 분야의 최고 기술을 가진 사람들과 창의적인 인재들을 영입하였다. 삼성은 최신의 기술력을 모아서 애플이 따라올 수 없는 제품을 만들고 거기에 창의적인 생각들이 만든 새로운 기능을 스마트폰에 추가하였다.

삼성은 애플을 이기기 위하여 애플이 1년에 한 대꼴로 신제품을 출시하는 데 비해 삼성에서는 2대꼴로 신제품을 출시하였다. 이러한 변화 속도는 점차 세계적인 애플보다 신제품을 시장에 먼저 내놓을 수 있게 되어 결국 애플의 시장 지배력을 잠식해 나갔다.

그 결과 갤럭시3나 노트2는 애플의 전략적인 아이폰5를 이기고 스마트폰의 표준이 되었다. 이건희는 세계의 스마트폰 시장을 석권하는 새로운 스마트폰 시대를 창조했다.

이처럼 놀라운 저력은 어디에서 나오는 것일까?

그것은 바로 이건희 회장의 초일류 기업 삼성을 만들려면 강력한 리더십에서 나오는 창조 경영 때문이었다. 이건희 회장은 삼성의 창조 경영을 위해 창의적인 인재들을 뽑는 데 노력을 아끼지 않았다. 그리고 창의적인 생각을 할 수 있도록 회사 내에서 학력에 의한 파벌을 만드는 것을 경계하였다.

이건희 회장은 창의성에 대한 중요성을 항상 인식하고 있기 때문에 사장들에게 미래에 대해서 충실하게 생각하고, 상상력과 창의력을 활용해 힘있게 나아가자고 말하고 있다.

TIP

이건희 회장의 창의성은 늘 사람들을 놀라게 한다. 그가 매년 회의나 신년회를 통해 새로운 사업을 발표할 때마다 도대체 이번에는 무엇으로 우리를 놀라게 할까 하는 마음으로 이건희를 지켜보았다. 이건희의 회의는 결국 이건희의 창의력을 들을 수 있는 장이 된 셈이다. 매번 이건희 회장은 사람들을 실망시키지 않았다. 그의 창의력은 실로 무궁무진했기 때문이다.

이건희 회장의 창조 경영 방식에 초창기에는 우려의 목소리를 내는 이들이 많았지만, 임직원들도 창조 경영의 필요성을 인식해가고 있다. 이제 삼성은 창의적인 집단이 되어 갔다.

11 윤리 경영을 하라

이건희 회장은 삼성이 세계적인 기업으로 거듭나기 위해서는 윤리 경영을 해야 한다고 하였다. 윤리 경영이란 회사 경영 및 기업 활동에서 '기업 윤리'를 최우선 가치로 생각하며, 투명하고 공정하며 합리적인 업무 수행을 추구하는 경영 정신이다. 기업의 목적은 이익의 극대화지만, 기업의 사회적 책임도 중요하기 때문에 윤리 경영을 해야 한다. 실제로 경영 성과가 아무리 좋아도 기업 윤리 의식에 대한 사회적 신뢰를 잃으면 소비자들이 외면하기 때문에 결국 기업은 문을 닫을 수밖에 없기 때문이다.

삼성은 회사의 규모가 커지고 이익도 증가하면서 소비자들의 시선 역시 중요하게 되었다. 이미 삼성은 사카린 밀수 사건 탓으로 언론과 여론은 집중 공격을 받고 부정적인 생각이 널리 확산되었다.

그동안 삼성이 가지고 있던 이미지가 하루아침에 땅에 떨어진 것이다. 이후 삼성에 대한 이미지를 높이는 데는 엄청난 비용과 시간을 투자해야 했다.

삼성은 사카린 사건과, 김용철 변호사의 비자금 폭로 사건 이후로 윤리 경영의 중요성을 뼈저리게 느끼고 있으며, 제품을 잘 만드는 것보다 중요한 것이 윤리 경영이고 이것을 목표로 삼고 있다.

이병철 선대 회장은 장기적인 사업에 있어서는 신용이 제일이라고 생각하였다.

"사업을 위해서 신용을 얻기는 매우 어렵고 시간도 오래 걸린다. 한번 얻은 신용을 계속 유지하는 것은 더욱 어렵고 중요한 일이지만 신용처럼 잃기 쉬운 것도 없다. 신용이란 기업에 대한 국민의 신뢰나 다름없다."

이병철 선대 회장은 삼성이 국민의 신용을 얻기 위해서 나름대로 노력했다. 그러나 회사가 커지고 조직원이 증가함으로써 마음먹은 대로 회사를 운영하기 쉽지 않았다. 그래서 삼성은 정치권의 유혹으로 시련을 당하기도 하고 뜻하지 않게 국민에게 마음의 상처를 주었다.

이건희 회장이 윤리 경영의 중요성을 깨닫게 되는 일화가 있다.

1977년 이건희는 이병철 회장을 모시고 삼성전자를 방문하여 경리과 앞을 지나가는데 오륙십대로 보이는 여러 명이 담배 연기가 꽉 찬 가운데 지루한 표정으로 앉아 있는 장면을 목격했다. 수행하는 사람에게 물어보니 업자가 거래대금을 받기 위해 기다리고 있다는 것이었다.

얼마 후 이건희 회장이 신세계백화점을 방문한 적이 있었는데, 거기도 경리과 앞에 여러 명이 앉아서 기다리고 있었다. 당시 20대 후반의 젊어 보이는 경리과장에게 물건 만들어 납품했는데 왜 돈을 제대로 주지 않느냐고 말하고 있었다. 경리과장은 자기 아버지보다도 나이가 많은 사람들에게 반말처럼 '이리 가라, 저리 가라' 고 하고 있었다.

순간 이건희 회장은 '만일 내가 그 자리에 앉아 있는 입장이라면 화가 나서 회사를 상대로 해서 항의를 할 것이 당연' 하다고 생각하였다. 그리고 상인 입장이라면 저렇게 애를 먹이니 열심히 만들어서 좋은 물건을 갖다 주기보다는 그저 검사에만 안 걸릴 정도로 적당히 넘어가자는 생각으로 물건을 만들 것이라는 생각이 들었다. 이래서는 삼성이 구멍가게지 어디 기업이라고 할 수 있겠는가? 그는 이런 생각에서 바로 관리자를 불러 대금결제 시에는 협력 업체가 기다리지 않고 대금을 받아갈 수 있도록 방법을 개선하도록 지시하였다.

어려서부터 삼성의 역사를 지켜본 이건희 회장은 1989년 취임 후부터 "부정은 암이고 그것이 있으면 회사는 반드시 망한다."라는 확신을 갖고 윤리 경영을 그룹 경영에 반영시켰다. 당시 이건희 회장은 현장을 순시하면서 가장 많이 말한 단어가 도덕 불감증과 '도덕성이 결여된 기업에서 좋은 물건이 나올 수도 없고 나와도 반갑지 않다.'라는 말이었다. 이건희 회장은 도덕 불감증 치료를 위해 인간미, 도덕성, 예의범절, 에티켓이라는 '삼성 헌법' 을 내세웠다.

삼성에서의 윤리 경영은 이병철 회장 때부터 비서실에서 강도 높은 감사를 진행하는 것으로 직원들의 윤리의식을 높였다. 최근에는 윤리 경영에 대한 중요성이 날로 높아가자 삼성은 인사고과에 윤리지수를 도입하는 등 강력한 윤리강령 준수를 촉구하고 있다.

TIP

최근 '윤리 경영'이라는 단어가 기업을 평가하는 데 있어서 가장 중요한 평가 요소가 되고 있다. 실제로 윤리 경영의 영향을 받는 구성원들은 경영 결과에 직접적인 반응을 하고 있다.

기업이 윤리 경영을 잘 실천해서 사회적 책임을 다할 때 얻을 수 있는 기대 효과가 크다. 대내적으로는 직원들의 자부심이 향상되어 생산성, 품질 향상, 서비스가 개선된다. 대외적으로는 기업 이미지와 고객 충성도의 향상이 이루어지며 기업이 성장하게 된다. 그러나 윤리 경영을 실패하게 되면 소비자들에게 철저히 외면당하게 되어 최고의 기업이라도 하루아침에 문을 닫아야 하는 결과까지 가기도 한다.

결국, 윤리 경영은 기업의 각종 위험을 줄이고 장기적 이익을 실현하는데 필수적이라고 할 수 있다. 이제 한국 기업에게 기업 윤리는 선택적 과제가 아니라 필수적 과제가 되었다.

12 기록하라

이건희 회장은 유난히 기록하는 것을 좋아한다. 이건희 회장의 기록에 대한 집착은 아버지로부터 물려받은 것으로 보인다. 아버지 이병철은 소문난 '메모광' 이었다. 살아생전에 어떤 사업을 하든지 떠오른 구상이나 전문가의 조언, 해야 할 일 등을 언제나 메모로 정리했다.

이병철은 매일 아침 6시에 일어나 목욕으로 정신을 맑게 한 뒤 바로 그날 할 일들을 메모했다고 말했다. 그리고 전날 작성한, 실천하지 못했던 것들을 정리한 메모와 비교해 내용을 완성했다. 이병철에게 있어 메모는 일과의 시작이었다.

그의 메모 수첩에는 챙겨야 할 일, 미결 과제, 알아봐야 할 일, 만날 사람과의 약속, 전화해야 할 곳, 상을 줄 사람, 벌을 줄 사람, 구매할 책 제목, 신문과 TV에서 본 자료 요약 등이 담겨 있었다고 한다. 이러한 메모하는 습관이 오늘날의 삼성이라는 기업을 만들 수 있는 토대가 되었다.

이건희 회장도 자연스럽게 아버지가 메모하는 것을 보면서 자랐기 때문에 메모는 습관화되었다. 이건희 회장도 아버지를 닮아서 틈만 나면 꼼꼼히 메모하는 습관을 가지고 있다. 이건희 회장은 메모의 중요성에 대해서 다음과 같이 말했다.

"한국 사람들은 메모를 좀스럽게 생각하는 경향이 있다. 우리는 사소한 것을 따지고 기록하는 것에 대해 쩨쩨하다고 생각하는 실속 없는 대범증부터 고쳐야 한다. 이런 허세가 대충대충 마무리하는 타성으로 이어져 우리 제품, 우리 사회의 기본을 흔든다."

이건희 회장은 끊임없이 기록의 중요성을 강조한다. 이건희 회장은 우리나라의 찬란했던 고려청자나 조선백자의 기술이 후손들에게 제대로 전수되지 못한 것은 기록을 제대로 하지 않았기 때문이라고 보고 있다. 따라서 이건희 회장은 중요한 것을 기록하지 않으면 단순한 실수를 바로 잡기는커녕 반복함으로써 엄청난 돈과 인력 낭비를 초래하게 된다는 것을 잘 알고 있다.

이건희 회장은 일류 기업이 되기 위해서는 "실수를 되풀이하지 말자.", "낭비하지 말자."인데 이를 해결하는 것이 메모라고 했다. 메모에 대한 이건희 회장의 생각은 다음과 같다.

"우리나라에는 기록 문화가 없다. 지점장에서 전무 · 상무 · 이사 모두가 인수인계할 때 책이 한 권 인계될 정도가 되어야 하는데, 그냥 왔다가 그냥 가 버린다. 자신이 만났던 사람도 소개해 주고 실패 · 성공 사례도 남겨야 하는 등 인수인계할 내용이 얼마나 많은가? 그런데도 그냥 말 몇 마디와 명함을 건네고, 책상과 주소만 바꿔 버린 후 비행기 타고 날아가면 그만이란 생각이 팽배해 있다. 자기부터 변해야 한다. 기록 문화가 정착되지 않아서 모든 부문에서 우리는 단절의 연속이요, 남이 언젠가 했던 일, 더구나 해서 실패했던 일을 쉬쉬하고 감추기 때문에 모르고 또 그 일을 하게 된다. 이것이 얼마나 큰 낭비인가? 따라서 실수의 기록과 함께 그 기록을 공유해야 한다는 것이다."

이건희 회장은 메모와 함께 기록의 공유를 강조한다. 정보 공유가 이루어지면 그룹은 하나라는 공동체 의식을 가져올 수 있고, 이는 또 부서·회사 간의 벽을 허무는 계기가 될 수 있다고 보았다.

이건희 회장은 이러한 의지에 따라 1999년부터 삼성의 정보화 비전을 수립하고 전사적 자원관리 시스템인 '싱글'을 구축하게 했다. 싱글은 메일, 결재, 일정 관리, 거래선 관리, 업무 관리 등을 통합적으로 이용할 수 있는 인트라넷 정보 공유 시스템이다. 삼성의 임직원들이 싱글을 통해 메일을 주고받은 건수는 하루 78만 5,000건이나 되었고, 정보를 공유하고 실무에 적용한 사람은 하루 4만 5,000명에 달했다. 삼성의 임직원들이 기록을 남기고 공유하면서 이용자나 이용 횟수가 증가하기 시작하였다.

2003년 싱글의 성공에 힘입어 2단계 정보화 작업을 추진하여 싱글을 한 단계 업그레이드한 '마이싱글My-Single'을 개발, 구축하는데 성공했다. 이 마이싱글은 전 세계에 퍼져 있는 18만여 삼성인들에게 메일, 결재, 일정 관리, 거래선 관리, 업무 관리 등을 통합적으로 이용할 수 있게 함으로써 사무생산성을 크게 향상시켰다.

실제로 삼성은 마이싱글로 인해 사무 생산성이 20% 이상 향상되었고, 종전에는 51%에 불과했던 24시간 이내 결재 건수가 77%로 늘어나 결재 속도가 빨라졌다고 한다. 또한, 시스템 안정성 면에서도 강력한 기능을 갖추고 있어서 시스템 개설 이후 단 한건의 바이러스나 해킹으로 인한 피해 사례도 일어나지 않았다. 이것으로 삼성은 수많은 결재권자를 거치지 않고도 결재를 받을 수 있는 효율적인 조직 운영이 이루어지고 있는 것이다.

TIP

이건희 회장은 신규 임원진에게 만년필이나 휴대전화를 선물로 주는 것으로 유명하다. 기록이 실수를 바로잡을 수 있기 때문에 선물로 '기록'을 철저히 해두라는 뜻이다. 이건희 회장의 메모하는 습관은 갤럭시 노트와 갤럭시 S3에도 반영하였다. 아이폰이 세계를 지배하지만 삼성은 아이폰이 없는 무언가를 넣고 싶었다. 그것이 바로 메모 기능이었다. 디지털 기기인 스마트폰에 펜으로 메모하는 아날로그 감성을 접목한 것이 갤럭시 노트와 갤럭시 S3다. 이건희 회장의 생각은 적중하여 갤럭시 노트와 갤럭시 S3는 아이폰5를 이기고 세계 스마트폰의 역사를 새로 쓰게 되었다.

13 디자인은 생명이다

오늘날 세계의 최고가 되기 위해서는 디자인을 빼놓고는 설명할 수 없다. 그만큼 중요하기에 한국 정부는 '디자인 개발 전략'을 통해 디자인 강국으로 도약하기 위해 노력하고 있다.

이건희 회장은 세계 최고의 제품이 되기 위해서는 디자인으로 소비자들의 마음을 사로잡아야 한다고 알고 있었다. 이건희 회장이 디자인의 중요성을 지나쳤다면 오늘날 삼성전자의 성공 신화도 없었을 것이라고 입을 모은다.

이건희 회장은 디자인이 회사의 운명을 결정한다는 것을 미리 예측하고 있었다. 이건희는 미술에 대한 관심도 높았으며, 디자인 안목이 있어 보는 눈이 달랐다. 그래서 이건희 회장은 공개 석상에서 디자인의 중요성을 수시로 강조하였다.

1993년 로스앤젤레스 회의에서 삼성 계열 광고대행사인 제일기획 만든 김치냉장고 광고를 보고 다음과 같이 질타했다.

"김치냉장고의 광고를 보니 LG에 패했다. 한심한 수준이다. 노란 바탕색을 빼고 강조하고자 하는 '기능' 부분을 확대해야 하며, 선명치 못한 구도를 개선해야 한다. …… 광고 그림이 전체적으로 언밸런스하다. 제일기획의 다자인 수준이 이 정도 밖에는 안 되는가?"

이건희의 포스트모던 기질도 디자인 경영에 큰 몫을 했다고 보아야 할 것이다. 1993년 6월, 프랑크푸르트에서 디자인의 중요성에 대해서 말했다.

"앞으로 세상에 디자인이 제일 중요해진다. 개성화로 간다. 성능이고 질이고는……, 이제 생산 기술이 다 비슷해진단 말이야. 앞으로 개성을 어떻게 하느냐, 디자인을 어떻게 하느냐가 관건이다."

1990년대 당시는 대부분의 한국 제조 기업들이 원가 절감과 품질에 매달릴 때였기 때문에 디자인의 중요성을 충분히 인식하지 못했다. 따라서 이건희 회장이 디자인의 중요성을 강조한 것은 당시로서는 파격적인 발상이었다.

삼성 계열사의 전문 경영인들도 이 회장의 시대를 앞서 가는 디자인 혜안에 무릎을 치며 놀랄 정도였다. 이 회장은 1996년 신년사에서도 디자인을 다시 한 번 강조했다.

"디자인과 같은 소프트한 창의력이 기업의 소중한 자산이자 기업 경영의 승부처가 될 것입니다. 1996년을 디자인 혁명의 해로 정하고 삼성의 철학과 혼이 깃든 고유의 디자인 개발에 그룹 역량을 총집결합시다."

이 회장이 디자인 경영에 본격적인 시동을 걸면서 삼성 전 제품에 디자인을 높이기 위한 움직임이 일어나기 시작했다. 이건희 회장은 삼성에서 디자인을 담당할 산업디자인 인력을 육성하기 위해 삼성디자인학교SADI를 개원하고 외국인 교수 5명을 채용했다. 2001년에는 삼성전자엔 최고경영자CEO 직속의 디자인경영센터를 설립하여 대거 디자인 전문가를 영입하였다.

그러나 디자인을 현장에 적용하는 속도가 이건희 회장의 마음에 들지 않았다. 이건희 회장은 말로 하기보다는 직접보면서 디자인의 중요성을 강조해야 알아들을 것이라고 생각하여 밀라노를 회의 장소로 택했다. 밀라노는 패션과 디자인의 도시로 세계 디자인의 최신 흐름을 주도하는 곳이다. 매년 밀라노에서 개최되는 국제가구박람회는 최상의 디자인 트렌드를 엿볼 수 있는 기회가 되고 있다.

2005년 4월 14일, 이 회장은 이탈리아 밀라노에서 주요 사장들을 소집해 디자인 전략회의를 주재했다. 이 자리에서 이건희 회장은 다음과 같이 말했다.

"세계 일류인 애니콜을 제외하곤 삼성의 평균 디자인 경쟁 능력은 1.5류밖에는 안 된다. 상품 진열대에서 특정 제품이 소비자의 마음을 사로잡는 시간은 평균 0.6초다. 이처럼 짧은 시간에 고객의 발길을 잡지 못하면 마케팅 싸움에서 결코 승리할 수 없다. 월드 프리미엄 제품을 만들려면 디자인과 브랜드 등 소프트 경쟁력을 강화해서 기술은 물론 감성의 벽까지 넘어서야 한다. 따라서 최고경영진부터 현장 사원에 이르기까지 디자인의 중요성을 인식해 삼성 제품을 품격 높은 명품으로 만들자."

삼성의 밀라노 회의에서는 디자인 4대 전략이 발표되었으며 삼성의 디자인 혁명을 알리는 순간이기도 하였다.

■ 디자인 4대 전략

- 독창적 디자인의 정체성아이덴티티을 구축
- 우수 인력을 확보
- 창조적이고 자유로운 조직 문화 조성
- 금형 기술 인프라를 강화

삼성은 이때부터 본격적으로 우수 디자이너를 발굴해 파격적인 인센티브를 제시하는 등 디자인 인력 보강에 박차를 가했다. 특히 선 디자인, 후 개발 원칙을 확립해 디자이너들이 만든 디자인에 맞추어서 제품을 개발하기까지 하였다. 결국, 이러한 제도는 디자이너들의 자부심을 살려서 더욱 자신감 있게 디자인할 수 있는 기회를 만들어 주었다.

TIP

이건희 회장에 의해 삼성은 디자인 경영을 추진하였다. 디자인 경영의 성과는 서서히, 그러나 확실히 나타났다.

삼성이 2006년에 디자인에 공을 들여 만든 '와인잔' 모양의 테두리 디자인을 갖춘 보르도 TV는 일본 소니를 넘어 삼성 TV가 글로벌 1위에 자리매김하는 견인차 역할을 했다.

2012년 영국 런던 얼스코스 전시장에서 공개한 갤럭시 S3는 뛰어난 디자인으로 찬사를 받았다. 삼성전자는 세계에서 가장 잘 알려진 디자인 공모전인 독일의 레드닷 다자인 어워드에서 3년간 가장 많은 디자인 최고상을 받은 업체로 선정되었다. 그리고 세계 3대 디자인상인 미국의 국제 디자인 최우수상IDEA에서도 최근 5년간 누적 수상 1위를 차지했다.

삼성이 오늘날 세계적인 제품을 많이 만들게 된 데에는 제품의 뛰어난 기능뿐만 아니라 디자인의 중요성을 더욱 강조한 이건희 회장의 디자인 경영이 빛을 발한 것이다.

◆ 1987년 12월, 회장 취임사

"우리는 지금 국내·외적으로 수많은 시련과 도전이 몰려드는 격동의 시대를 살고 있다. '삼성 제2창업' 의 선봉으로 혼신의 힘을 다하여 그 소임을 수행할 것이다. 삼성은 이미 한 개인이나 가족의 차원을 넘어 국민적 기업이 되었다. 새로 출범하는 삼성의 제2창업에 찬란한 영광이 돌아오도록 힘차게 전진하자."

◆ 1988년 3월 올림픽공원 체조경기장 제2창업 선언

"오늘은 내가 제2창업을 선언한 지 5년이 되는 날입니다. 나는 5년 전 바로 이 자리에서 '21세기 초일류 기업' 이라는 원대한 비전을 제시하였으며 여러분은 '위대한 내일' 을 실현하기 위해서 새롭게 태어날 것을 굳게 다짐한 바 있습니다.

삼성은 외형적으로 두 배의 성장을 이루었고 국민의 사랑을 받고 있습니다. 그러나 우리가 기대했던 만큼의 성과는 아니었습니다. 세계가 급변하고 있기 때문에 우리의 갈 길은 멀고 도전은 계속되고 있습니다.

21세기를 앞두고 남은 7년은 우리가 세계 초일류 기업으로 살아남느냐 또는 주저 않고 말 것인가를 결정하는 마지막 시기가 될 것입니다.

앞으로 우리가 살아남기 위해서는 역사적 소명의식으로 무장을 하고, 기술 우위를 확보하고, 낡은 관행과 제도를 과감히 청산하는 일입니다.

이를 위해 나는 솔선하여 '경영자로서의 책임'과 '기업인으로서의 명예'를 지켜나가는데 혼신의 힘을 다할 것입니다. 또한, 우리 삼성도 '국가의 대표 기업'이라는 각오로 그에 따르는 모든 책임과 고통을 감내할 것입니다. 여러분도 나의 충정을 깊이 이해하고 위대한 내일의 삼성을 창조해 나가기 위해 한 사람의 낙오자도 없이 동참해 주기를 바랍니다."

◆ 1993년 미국 LA에서 임원들과 가진 회의

"삼성은 이미 망한 회사다. 지금은 잘해보자고 할 때가 아니라 죽느냐 사느냐의 기로에 서 있는 때다. 보시다시피 우리 제품이 선진국을 따라잡기에는 아직 멀었다. 이제 2등 정신을 버려라. 이제 세계 제일이 아니면 앞으로 살아남을 수 없다. 우리도 경쟁 회사들처럼 좋은 제품을 만들면 세계 최고의 초일류 회사가 될 수 있다."

"내 재산 늘리기 위해 이렇게 밤잠 안 자고 떠드는 것은 절대 아니다. 내 재산 10배 늘어나야 나에게는 아무 뜻도 없다. 나는 내 자산의 이자의 이자의 이자만 갖고도 5대까지 먹고 살 수 있다. 내 개인의 양심을 지키고 책임을 다하는 것이다. 여러분이 잘되게, 회사 잘되게, 나라 잘되게, 여러분들 자손 잘되라고 하는 일이다."

◆ 1993년 6월, 프랑크푸르트 선언

"국제화 시대에 변하지 않으면 영원히 2류나 2.5류가 될 것이다. 지금처럼 잘해 봐야 1.5류이다. 마누라와 자식 빼고 다 바꾸자."

"삼성과 국가와 민족이 일류로 가지 않는다면, 나 개인의 존재도 별 것이 아니다. 자기가 속해 있는 민족, 국가, 재계 전체가 이류에서 일류로 올라서야 전 세계에서 인정을 해주고 인간 대접을 받는다. 사람이 사람대접을 못 받을 때가 가장 비참하고 화가 난다. 이것이 바로 삶의 질 문제이다."

"앞으로 세상에 디자인이 제일 중요해진다. 개성화로 간다. 자기 개성의 상품화, 디자인화, 인간공학을 개발해서…… 성능이고 질이고는 이제 생산 기술이 다 비슷해진다. 앞으로 개성을 어떻게 하느냐, 디자인을 어떻게 하느냐가 중요하다."

◆ 1996년 1월, 신년사

"기업 디자인은 상품의 겉모습을 꾸미고 치장하는 것에서 한 걸음 더 나아가 기업의 철학과 문화를 담아야 한다."

◆ 2002년 5월, 금융 계열사 사장단 회의

"이익이 줄어드는 한이 있더라도 사회에 이바지할 수 있는 일들을 해 나가는 게 무엇보다 중요하다."

◆ 2003년 6월, 신경영 10주년 기념사

"신경영을 안 했으면 삼성이 2류, 3류로 전락했거나 망했을지도 모른다는 생각에 등골이 오싹하다. 신경영의 성과를 어려운 국가 경제 위기 극복과 국민 생활에 도움이 되도록 확산시켜 나가자. 신경영은 세기말적 상황에서 경제 전쟁에서의 패배, 일류 진입의 실패는 경제 식민지가 될 수 있다는 역사 인식과 사명감에서 출발했다. 지금 우리 경제는 외부 환경 탓도 있지만 과거 선진국도 겪었던 '마의 1만 달러 시대 불경기'에 처한 상황으로 신경영 선언 당시와 유사하다. 따라서 우리가 이 고비를 어떻게 넘기느냐에 따라 일류 선진국이 될 수도 후진국으로 전락할 수도 있기 때문에 지금은 당장 제 몫을 찾기보다는 파이를 빨리 키워 국민소득 2만 달러 시대에 돌입하기 위해 온 국민이 다함께 노력해야 할 때다."

◆ 2010년 3월, 경영 복귀

"지금이 진짜 위기다. 글로벌 일류 기업들이 무너지고 있다. 삼성도 언제 어떻게 될지 모른다. 앞으로 10년 내에 삼성을 대표하는 사업과 제품은 대부분 사라질 것이다. 다시 시작해야 된다. 머뭇거릴 시간이 없다. 앞만 보고 가자.

◆ 2018년 동계올림픽 개최지 평창 유치 성공 후

"전부 저보고 했다고 하는데 이건 대한민국 국민 여러분이 이렇게 만든 것이다. 저는 조그만 부분만 담당했을 뿐이다."

◆ 2011년 8월, 여성 임원 오찬

"여성 임원은 사장까지 되어야 한다. 임원 때는 본인의 역량을 모두 펼칠 수 없을 수도 있으나, 사장이 되면 본인의 뜻과 역량을 다 펼칠 수 있으니 사장까지 되어야 한다."

◆ 2012년 1월, CES 참관

"정말 앞으로 몇 년, 몇십 년 사이에 정신을 안 차리고 있으면 금방 뒤지겠다 하는 느낌이 들어서 더 긴장이 된다. 우리가 선진국을 따라가고, 우리가 앞서가는 것도 몇 개 있지만, 더 앞서가야 되겠다는 생각이 든다."

◆ **이건희 회장이 생각하는 리더의 5가지 덕목**

"알아야 한다知. 행동해야 한다行. 시킬 줄 알아야 한다用. 가르칠 수 있어야 한다訓. 사람과 일을 평가할 줄 알아야 한다評."

◆ **기자 간담회**

"독일의 아우토반, 프랑스 원전 등을 눈으로 직접 보고 싶어 관찰해 우리도 선진국 문턱에 와 있다는 착각에서 깨어나라는 의미에서 해외로 임직원을 불러냈다. 지난 20년간 삼성은 매출이 450억 원 규모에서 35조 원으로 늘었다. 열심히 일해서 그런 줄 알았지만, 착각이다. 1970~1980년대의 고도성장은 반도체, 주식회사, 컴퓨터의 출현에다 생산 대국 일본에 인접한 지리적 이점이 있었고, 소 팔고 논 팔아 교육시킨 결과가 한데 어울러진 결과이다. 그런데 삼성을 포함해서 너나없이 제 잘난 것으로만 생각하고 있어 그것을 깨우치려는 것이다."

◆ **인재관**

"우수 인력 한 사람이 10만 명을 먹여 살린다."

"바둑 1급 열 명이 힘을 모아도 바둑 1단 한 명을 이길 수 없다."

이건희 연혁

- 1942년 1월 9일 출생
- 1945년 대구 어머니에게로 옴
- 1947년 서울로 이사
- 1949년 혜화초등학교 입학
- 1953년 도쿄로 유학
- 1957년 귀국하여 서울사대 부중에 1학년 편입
- 1961년 연세대학교에 합격했으나 일본 유학에 오름
- 1965년 일본 와세다대학교 상과대학 졸업
- 1966년 미국 조지워싱턴대학교 경영대학원 MBA과정 수료
  일본과 미국 유학을 마치고 귀국
- 1967년 중앙일보 회장의 장녀 홍라희 씨와 결혼
  삼성 비서실에서 견습사원으로 근무
- 1968년 동양방송에 입사 / 아들 재용 출생
- 1969년 삼성전자 설립

- 1970년 반도체 사업 시작 / 장녀 부진 출생
- 1973년 차녀 서현 출생
- 1978년 삼성물산주식회사 부회장
- 1979년 2월 삼성그룹 부회장으로 승진 / 막내 윤형 출생
- 1980년 중앙일보 이사
- 1982년 레슬링협회 회장 / 교통사고 당함
- 1984년 대한민국 체육훈장 맹호장
- 1986년 대한민국 체육훈장 청룡장
- 1987년 이병철 회장 타계/ 삼성그룹 신임회장으로 취임
- 1991년 IOC 올림픽훈장
- 1993년 세탁기 불량사건 뒤 '신경영 선언' / 신 CI 정립
- 1994년 일본 본사 출범 / 삼성 사회봉사단 출범
- 1995년 미주, 구주, 중국 본사 출범 / 삼성자동차(주) 출범 / 삼성디자인 학교(SADI) 설립
- 1996년 IOC 위원 임명
- 1997년 IMF 사태
- 1998년 1호 자동차 생산 / 삼성전자 대표이사 회장
- 2000년 국민훈장 무궁화장
- 2004년 삼성자동차 르노에 매각

- 2005년　브랜드 가치에서 일본의 소니 추월
- 2006년　세계 TV 시장에서 1위 차지
- 2008년　회장에서 물러남
- 2010년　경영 복귀
- 2011년　평창동계올림픽 유치
- 2012년　이건희 회장 취임 25주년 기념식

세계 일류기업 삼성 CEO

이건희 리더십

초판 1쇄 인쇄	2013년 7월 2일
초판 1쇄 발행	2013년 7월 6일
지은이	전도근
펴낸곳	BookStar
펴낸이	박정태
출판등록	2006. 9. 8. 제 313-2006-000198 호
주소	경기도 파주시 문발동 파주출판문화도시 500-8 광문각 B/D 4F
전화(代)	031)955-8787
팩스	031)955-3730
E-mail	Kwangmk7@hanmail.net

ISBN 978-89-97383-14-6 44040
978-89-966204-7-1 (세트)

정가 12,000원